O QUE A BÍBLIA REALMENTE DIZ SOBRE O DINHEIRO

O QUE A BÍBLIA REALMENTE DIZ SOBRE O DINHEIRO

31 MEDITAÇÕES

SCOTT MORTON

Morton, Scott
    O que a bíblia realmente diz sobre o dinheiro: 31 meditações / Scott Morton ; [tradução Eugenio Petraconi de Oliveira]. -- 1. ed. -- Sabará, MG: Ed. do Autor, 2023.

    Título original: What the bible actually says about money.
    ISBN 978-65-00-85896-9

    1. Dinheiro - Aspectos religiosos - Cristianismo 2. Dízimo - Ensino bíblico 3. Fé (Cristianismo)
    4. Finanças pessoais - Aspectos religiosos - Cristianismo 5. Oferta cristã 6. Primícias
(Bíblia) 7. Princípios bíblicos 8. Vida cristã
    I. Título.

23-180311   CDD-261.85

Índices para catálogo sistemático:

1. Finanças pessoais : Ensinamento bíblico : Cristianismo 261.85
Aline Graziele Benitez - Bibliotecária - CRB-1/3129

DEDICATÓRIA

A você que tem este livro em mãos e deseja incluir a administração financeira em sua caminhada com Deus - parabéns.

CONTEÚDO

INTRODUÇÃO

Fomos ensinados a caminhar com Cristo através do trabalho de pastores dedicados, de líderes de estudos bíblicos e talvez por algum amigo cristão mais velho. Mas nossos mentores pisam leve no tópico do dinheiro porque dinheiro é algo "pessoal". Muitas vezes, é mais fácil falar sobre sexo do que sobre dinheiro.

Mas o silêncio não ajuda. Muitos frequentadores de igrejas só ouvem falar sobre dinheiro durante um ou outro culto dominical específico para esse fim. E, como a nave Enterprise, eles acionam seus escudos defensivos. Infelizmente, não importa o que o pastor pregue, a única mensagem que eles ouvem é "doe mais" ou "dízimo!"

Recebemos uma mensagem financeira diferente dos pregadores de "prosperidade". Eles tentam usar as Escrituras para convencer você de que "Deus quer que você seja rico!" E se você enviar uma oferta a seus ministérios, Deus derramará uma bênção sobre você. Hum.

Nossa cultura secular também não nos ajuda. Ela incentiva o excesso de gastos, o endividamento e a gratificação instantânea. Modismos têm mais apelo do que os princípios bíblicos.

Mas nossos primeiros ensinamentos sobre dinheiro vêm dos pais e da família - do nosso ambiente doméstico. Nos foram ensinados (intencionalmente ou não) alguns bons valores monetários e outros nem tanto. E eles estão profundamente enraizados.

Vamos admitir que a maioria de nossas opiniões sobre dinheiro foi aprendida com nossas próprias experiências ou de segunda mão, e não de estudos pessoais. Por exemplo, quando se pergunta a crentes dedicados: "Quanto um cristão deve dar?", esta geração responde: "Dez por cento para a igreja local e ofertas para ministérios". Mas a próxima geração responde um com silêncio sincero ou com a afirmação "Com o que te emocionar".

Infelizmente, o que a Bíblia realmente diz sobre dinheiro muitas vezes é obscurecido por tradições, modismos e fórmulas cujas ligações com a Bíblia são confusas, tênues ou ignoradas.

Aqui está sua oportunidade de ouvir o Senhor sobre este assunto emocional que permeia nossos pensamentos diariamente. Este livro não é um discurso exortando você a dar mais. O propósito é proporcionar a você oportunidades silenciosas para refletir sobre trinta e uma Escrituras clássicas e tirar suas próprias conclusões.

Isso não significa que você seja materialista. Dê a si mesmo permissão para tirar alguns minutos por trinta e um dias para pensar diretamente sobre este assunto não mencionado. Que Deus o abençoe enquanto busca a Ele nessas Escrituras.

DIA 1 - DOAR: QUANTO É O SUFICIENTE?

Jesus olhou e *viu os ricos* colocando suas contribuições nas caixas de ofertas. *Viu também uma viúva pobre* colocar duas pequeninas moedas de cobre. E disse: "Afirmo-lhes que esta viúva pobre *colocou mais* do que todos os outros. Todos esses deram *do que lhes sobrava*; mas ela, *da sua pobreza*, deu *tudo* o que possuía para viver".

Lucas 21:1-4.

Imagem "The Widow's Mite" A Oferta da Viúva, João Zeferino da Costa, 1876 Domínio Público.

OUVI ESSA HISTÓRIA quando criança na Escola Dominical. Não fez muito sentido para mim Jesus elogiar á viúva por dar de oferta suas duas últimas moedas - tudo o que ela tinha.

Como um teólogo de apenas cinco anos, com somente um centavo no bolso para dar de oferta, eu fiquei bastante preocupado com a pobre mulher.

Desde aqueles dias de infância, descobri que muitos crentes ficam intrigados com essa passagem. Devemos mesmo dar "tudo"? Vamos tentar olhar mais profundamente.

Esse incidente aconteceu na tesouraria do templo de Jerusalém. Presos na parede estavam treze receptáculos em forma de trombeta, largos embaixo e estreitos em cima, que serviam para a coleta das ofertas – o que tornava impossível que algum transeunte roubasse o dinheiro.

E ali estava Jesus observando. Ele *olhou* e *viu* os ricos e *viu* também a viúva depositar suas ofertas nas trombetas. O fato de a viúva ter doado algo é notável. Ela poderia ter usado sua pobreza ou o fato de ser viúva como justificativa para não doar. Jesus, inclusive, poderia ter corrido em sua direção e a impedido – mas Ele não o fez.

Então Ele disse que a pobre viúva *havia colocado mais* do que os ricos. Como pode ser? Se Jesus tivesse tirado as trombetas da parede e derramado as moedas no chão do templo, aquelas doadas pelos ricos teriam superado em muito as duas leptas da viúva - as moedas de menor valor em Israel.

Jesus mede a doação por um padrão diferente. Os ricos *deram do que lhes sobrava* – dinheiro que não era necessário para o dia a dia, dinheiro do qual nunca sentiriam falta. A viúva deu *de sua pobreza* - dinheiro necessário para sua vida diária. Pelo método de contabilidade de Jesus, ela deu bem mais.

Jesus está elogiando a mulher por ter dado todos os seus bens? Como ela iria cuidar de si mesma (ou de seus filhos)? O entendimento comum, de que ela deu seu último centavo, parece estranho.

Talvez tenha acontecido assim: em Levítico 19:13b lemos: "Não retenham até a manhã do dia seguinte o pagamento de um diarista". Em concordância com essa passagem, os senhores de terras em Israel pagavam seus trabalhadores no mesmo dia em que eles haviam trabalhado - antes do anoitecer.

Tendo recebido o pagamento naquele dia ou no dia anterior, a viúva foi ao templo e deu de seu fluxo de caixa diário, "o que possuía para viver". Ela não deu do que sobrava, mas sim de forma sacrificial. Sua doação afetou seu sustento.

Então, quanto um cristão deveria dar? A maioria dos crentes diz: "o dízimo, dez por cento». Foi isso que eles aprenderam. Mas, pense bem. Se alguém ganha 200 mil por ano e dá dez por cento (20 mil), então ele ou ela vai precisar se virar com 180 mil. Será que isso captura o espírito das palavras de Jesus?

Jesus ensina um princípio bem mais amplo. Em vez de uma porcentagem, que tal isso:

> *Doe de tal forma que faça diferença no seu estilo de vida.*

Para os desesperadamente pobres, dez por cento pode ser demais. Para a maioria, dez por cento é muito pouco. C. S. Lewis afirmou: "Eu acredito que a única regra segura é dar mais do que podemos dispensar... Se nossa caridade [nossos padrões de doação] definitivamente não nos aperta nem nos afeta, eu diria que ela é muito pequena"[1].

Então, quanto você deve doar? Tire os dez por cento da sua mente. Doe como a viúva - corte no seu estilo de vida para doar. Deixe que sua doação afete a sua vida.

1 C. S. Lewis, *Mere Christianity* (Nova York: MacMillan Publishing Company, 1952) [no Brasil, C. S. Lewis, *Cristianismo Puro e Simples*).

Oração: Senhor Jesus Cristo, da mesma forma que o Pai Você me *vê* ofertar assim como viu a oferta da pobre viúva no templo. Estou feliz que Você esteja observando. Confesso que me sinto culpado se não dou o dízimo, e me sinto orgulhoso se o faço. Ajude-me a doar de tal forma que afete meu estilo de vida. Ajude-me a aprender a doar generosamente e de forma sacrificial. Amém.

DIA 2 – VOCÊ SECRETAMENTE DESEJA SER RICO?

> Os que *querem ficar ricos* caem em tentação, em armadilhas e em muitos desejos descontrolados e nocivos, que levam os homens a mergulharem na ruína e na destruição, pois o *amor ao dinheiro* é raiz de todos os males. Algumas pessoas, por *cobiçarem o dinheiro, desviaram-se* da fé e se atormentaram a si mesmas com muitos sofrimentos.
>
> *1 Timóteo 6:9-10*

EM LUGAR NENHUM JESUS condena os ricos por serem ricos. Nem tampouco o faz o Apóstolo Paulo. Em nossa passagem de hoje, Paulo afirma que o problema é desejar ser rico. Não é a posse da riqueza, mas ansiar por ela, que nos leva aos problemas – na verdade, grandes problemas - como veremos a seguir.

Devemos entender três coisas a respeito dessa passagem.

1. **Ela foi escrita para cristãos.** O trecho *"desviaram-se da fé"* é a dica. Alguém que não crê não possui uma fé da qual se desviar.

   Por exemplo, um casal cristão da cidade de Denver pediu aconselhamento sobre sua situação financeira. Eles frequentavam a igreja regularmente, mas nem o marido nem a esposa tinham empregos permanentes. Eles passavam horas e horas participando de competições e sorteios, esperando por alguma vitória. Às vezes eles ganhavam uma cesta de alimentos ou alguns dólares na loteria.

Um dia, enquanto estava dirigindo numa rodovia, o marido de repente socou o volante com os dois punhos e desabafou aos berros: "Deus! Eu gostaria de ser rico!".

Ao menos ele foi honesto. É irônico que algumas pessoas seculares não parecem ter um osso sequer de ganância em seus corpos, enquanto alguns crentes piedosos constantemente anseiam ter mais e mais. Você não precisa ser rico para desejar ser rico.

2. **O dinheiro não é o problema.** Talvez o verso 10 seja o versículo mais mal citado da Bíblia. O dinheiro não é a raiz do mal - o *amor ao dinheiro é a raiz do mal.*

O amor ao dinheiro é chamado por Jesus de *mamom* – "a riqueza personificada como objeto de adoração" (citação de comentário sobre Mateus 6:24 na *New American Standard Bible*). Quando o dinheiro se torna a força motriz em nossas vidas, estamos adorando na Igreja do Todo-Poderoso Dólar!

"As pessoas dizem que o dinheiro não traz felicidade, mas ele traz sim se o que você deseja é viver dessa forma. As pessoas que estão satisfeitas e felizes apenas com as coisas que o dinheiro pode comprar correm o grande risco de acabar perdendo as coisas que o dinheiro não pode comprar."[2]

O dinheiro é apenas uma ferramenta para nos ajudar a ser e a fazer aquilo para o qual fomos criados.

3. **Nós não fugimos - nós nos desviamos.** Aqueles que querem ficar ricos não se afastam de repente de Cristo - eles se desviam. Lentamente eles se afastam da comunhão com os irmãos; eles param

---

2   Wiersbe, W, Bible Exposition Commentary – New Testament (Victor Books, 1989) [Comentário Expositivo da Bíblia – Novo Testamento].

de ler a Bíblia e suas orações vão se tornando mecânicas.

Isto é bem mais sério do que simplesmente faltar à igreja. Paulo adverte que aqueles que se desviam da fé encontrarão tentações, armadilhas, desejos insensatos e prejudiciais, ruínas e destruição, trespassando a si mesmos com muitas tristezas.

O que de início parece um desejo inofensivo (querer ser rico) termina em ruína e destruição.

Os antigos poços de piche de LaBrea no sul da Califórnia pareciam inofensivos, já que o alcatrão pegajoso estava escondido debaixo de resíduos de plantas. Tigres dente-de-sabre eram atraídos para os poços para atacar animais menores presos ali - presas fáceis. Só que os grandes felinos acabavam ficando presos da mesma forma. E hoje seus ossos estão dispostos para serem estudados no museu LaBrea em Los Angeles.

Os cristãos são igualmente dominados e presos pela vontade de enriquecer. Isso significa que você não precisa trabalhar para ter uma renda mais alta? De jeito nenhum. Se prover para sua família ou seguir a vocação que Deus te deu requer mais recursos - siga em frente. Mas qual é o seu objetivo?

Um ouvinte ligou para o programa de rádio do guru financeiro Dave Ramsay querendo investir em uma franquia de fast-food. Ele possuía uma boa renda, não tinha dívidas e suas economias eram cada vez maiores. Quando Ramsay perguntou por que ele queria investir em uma franquia, o ouvinte respondeu: "Para aumentar minha renda." Ramsay insistiu: "Por quê? Qual é o propósito maior?".

O ouvinte não tinha nenhum outro propósito – ficar mais rico era seu único objetivo.

Billy Graham disse certa vez: "Não há nada de errado com os homens possuírem riquezas. O problema vem quando as riquezas possuem os homens".

Oração: Senhor criador de todas as coisas, eu acho fácil criticar os outros por quererem mais dinheiro, mas percebo que eu também sou vulnerável. Eu não acho que anseio por ser rico, mas talvez esteja me enganando. Por favor, fale comigo sobre os valores mais profundos do meu coração e me diga se estou me *desviando da fé*. Amém.

DIA 3 – LÍDERES CRISTÃOS DEVERIAM PEDIR DINHEIRO?

Não temos nós o *direito* de comer e beber [à custa da Igreja]? Mas nós nunca usamos desse direito. Pelo contrário, suportamos tudo para *não colocar obstáculo algum ao Evangelho* de Cristo.

1 Coríntios 9:4,12b

ALGUNS CRENTES DESDENHAM das agências missionárias ou das igrejas que *pedem*. Eles dizem que se os líderes cristãos realmente confiassem em Deus não se rebaixariam a pedir dinheiro. Para eles, pedir não é espiritual. Afinal, são bastante comuns os relatos de recursos que aparecem no último minuto, quando tudo parecia perdido, da forma mais milagrosa possível. Então, o conselho que eles dão aos líderes é: "Não peça, apenas ore. A vontade de Deus, quando feita à maneira de Deus, jamais ficaria sem o suprimento do próprio Deus".

"Pedir apenas a Deus" foi acidentalmente popularizado no final do século 19 pelo lendário diretor de orfanatos George Mueller. Conhecer sua história ajuda a compreender sua visão sobre pedir.

Ainda criança na Alemanha, Mueller tinha o hábito de roubar dinheiro da escrivaninha de seu pai. Depois, quando jovem, ele se hospedava em hotéis usando roupas caras e elegantes, mas saía às escondidas sem pagar.

Na vida adulta, entretanto, Mueller se tornou um cristão devoto e eventualmente pastor de uma igreja na Inglaterra. Naqueles dias, as igrejas se mantinham alugando ou vendendo bancos para os membros da paróquia. Mueller acreditava que isso violava o ensino de imparcialidade de Tiago capítulo 2 – era o erro de dar as boas-vindas ao rico, mas ignorar o pobre. Sendo assim, Mueller colocou um baú no fundo de sua igreja para receber doações voluntárias e prometeu à sua congregação que não falaria mais nada a respeito de dinheiro.

Da mesma forma, Mueller jamais pedia dinheiro para seus orfanatos. No entanto, ele e sua equipe compartilhavam respostas de oração de socorros financeiros milagrosos - como no dia em que o caminhão de leite quebrou na frente do orfanato na mesma manhã em que eles ficariam sem leite. Além disso, ele publicava regularmente relatórios sobre as finanças do orfanato. Tecnicamente ele não pedia, mas sempre informava aos possíveis doadores que o orfanato tinha necessidades financeiras, lhes proporcionando indiretamente uma maneira de responder.

Hoje, os evangélicos reduziram a prática de Mueller para "Peça apenas a Deus". Como resultado, muitos missionários e líderes cristãos não falam sobre dinheiro. Muitas vezes, com um sentimento de vergonha, eles tentam silenciosamente copiar a fé de George Mueller, esperando que o dinheiro chegue de forma milagrosa.

Este método de "não pedir" é atraente porque evita o risco de rejeição e parece mais espiritual. No entanto, a Bíblia contém diversos exemplos de pessoas que *pediram* com o objetivo de avançar o reino de Deus:

- Moisés pediu aos israelitas que dessem para a construção do tabernáculo do deserto (Êxodo 35:1–9).

- Neemias pediu ao rei Artaxerxes madeira para construir os muros de Jerusalém (Neemias 2:4–8).

- Elias pediu apoio a uma viúva gentia (1 Reis 17).

- Paulo pediu aos cristãos de Roma para financiarem seu ministério para a Espanha (Romanos 15:20–24).

- Jesus instruiu os Doze e os Setenta a procurarem anfitriões dignos para hospedagem – e o fez duas vezes (Mateus 10:5–15 e Lucas 10:1–12).

Alguns dizem que o próprio Jesus nunca pediu, mas isso é verdade? Ele pediu emprestado um barco, um jumentinho e um cômodo no segundo andar, e pediu a João que cuidasse de Sua mãe. Ele pediu às pessoas que negassem a si mesmas e O seguissem (Lucas 9:23).

Meu amigo, é o pedir que te incomoda ou é a insistência de alguns ministérios evangélicos quando estão levantando recursos?

Em nosso texto hoje, Paulo declara que ele e outros trabalhadores do Evangelho tinham o direito de ser apoiados pela Igreja - pelos que creem. Mas ele não exigiu o seu direito (usar deste direito) por causa de problemas morais e de relacionamento da igreja de Corinto. Receber dinheiro dos coríntios seria um *obstáculo para o evangelho.*

É o mesmo hoje. A insistência na captação de recursos desonra a Cristo e atrapalha o evangelho – se pronuncie quando você vir algo assim! Mas, o incômodo que você sente quando te pedem não torna ilegítimo o direito dos mensageiros de Deus de convidar o povo de Deus a apoiar o Reino de Deus.

Sim, ouvimos lindas histórias de livramentos de última hora, mas não ouvimos as histórias em que o tempo acabou e Deus não supriu. "A vontade de Deus feita à maneira de Deus" geralmente envolve convidar outros a se juntarem a você para cumprir a vontade do Senhor.

Oração: Senhor e criador do universo, confesso que às vezes pensei que "pedir" é menos espiritual, e que julguei negativamente pastores e missionários por "se rebaixarem" ao fazer apelos. Ajude-me a discernir os pedidos manipulativos daqueles que são genuínos. Ajude-me a manter meus olhos voltados para Ti como a Fonte e a não julgar os outros. Amém.

O QUE A BÍBLIA REALMENTE DIZ SOBRE O DINHEIRO

DIA 4 - COMO JESUS FINANCIOU SEU MINISTÉRIO?

Os doze estavam com ele, e também algumas mulheres que haviam sido curadas de espíritos malignos e doenças: Maria, chamada Madalena, de quem haviam saído sete demônios; Joana, mulher de Cuza, administrador da casa de Herodes; Suzana e muitas outras. Essas mulheres ajudavam a sustentá-los com os seus bens.

Lucas 8: 1-3

DE ONDE JESUS tirava dinheiro?

- Ele vivia de economias?

- Trabalhava como carpinteiro?

- Era mantido por um rico benfeitor?

- Vivia multiplicando pães e peixes milagrosamente pra sobreviver?

- Nenhuma das opções acima.

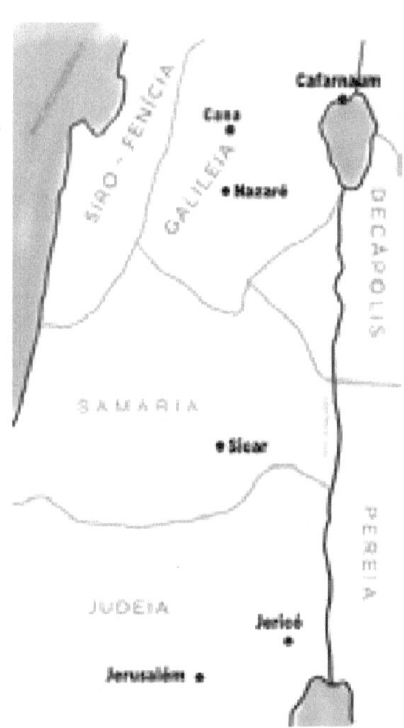

A passagem de hoje mostra que Jesus foi financiado por mulheres que haviam sido profundamente tocadas por Seu ministério - Maria Madalena, Joana, Suzana e *muitas outras ajudavam a sustenta-los com seus bens*.

Falando de forma direta, Jesus precisava de dinheiro. Por exemplo, enquanto Jesus conversava com a mulher junto ao poço, "seus discípulos tinham ido à cidade [Sicar na Samaria - mapa] *comprar comida*" (João 4:8). Sua equipe tinha uma bolsa de dinheiro - *glossokomen* - originalmente uma pequena bolsa onde se guardava a palheta de um instrumento de sopro (João 12:6; 13:29). Judas Iscariotes era o responsável por essa bolsa.

Isso desmistifica a forma como Jesus vivia. Das praticamente 3 mil refeições que Jesus comeu durante Seu ministério de três anos, apenas três vezes temos o registro de Ele providenciou comida milagrosamente – quando alimentou os 4 mil, quando alimentou os 5 mil, e quando transformou água em vinho nas bodas em Caná (mapa).

Ele (ou alguém de sua comitiva) também não viveu de migalhas nas ruas. Você consegue imaginar Jesus de pé numa esquina com uma placa dizendo: "Com muita fome. Qualquer coisa ajuda"? Ele era um pregador itinerante - não um mendigo andarilho.

Não só essas três mulheres, mas *muitas outras* também doavam. Quantas? Mateus 27:55-56 traz o nome de outras duas além de Madalena, Joana e Suzana, e acrescenta: "Muitas mulheres estavam ali... elas haviam seguido Jesus desde a Galileia, para servi-lo". Marcos também registra "muitas outras mulheres" (Marcos 15:41). Jesus tinha *muitos* parceiros doadores.

Se Jesus tivesse sido um zilionário ou se tivesse sido financiado milagrosamente por três anos, como Ele poderia entender nossas dificuldades financeiras? Se Ele tivesse multiplicado pães e peixes para cada refeição, como Ele poderia entender por que procuramos cupons de desconto em supermercados? Ele escolheu viver com os mesmos desafios financeiros que nós enfrentamos - Ele nos "compreende".

Mas, se havia algum ser humano que *não* precisava de dinheiro, esse era Jesus! O mesmo que proveu pães e peixes para 5 mil pessoas não poderia ter se autofinanciado? Em vez disso, o Filho de Deus reteve Seus poderes milagrosos e viveu dependendo de mantenedores. É assim que a Trindade planejou desde o início. Isso é incrível!

E há mais. Ao ser sustentado por mantenedores, Jesus estabeleceu um modelo de financiamento de Seu Reino que pode ser reproduzido. Se Ele tivesse se autofinanciado, Madalena, Joana e *muitos outros* teriam sido privados da honra de se associar ao Reino de Deus. Por 2 mil anos, mantenedores têm suportado o Reino mundial de Cristo desde Jerusalém a Irian Jaya, e até o Uzbequistão. Hoje, eu e você temos a mesma honra.

Uma professora foi chamada para servir a Cristo como missionária na Rússia por dois anos. Com medo e vergonha de levantar recursos, ela decidiu tirar o dinheiro de suas economias – todo o valor necessário para financiar os dois anos na Rússia. Mas sua própria mãe a repreendeu: "Não ouse se sustentar. Ser sua parceira financeira é a única chance que eu tenho de alcançar a Rússia!".

Doar coloca você na linha de frente do ministério - junto com Madalena, Joana e Suzana!

Oração: Deus dos pastos verdejantes, Você poderia ter enviado Jesus como alguém extremamente rico e sem necessidade de apoio financeiro. Agradeço por este exemplo de dar e receber para avançar o Reino. Perdoe-me pelo meu desejo egoísta de ser 100% autossuficiente. Ajude-me a enxergar o dar e receber como um privilégio ao invés de uma infeliz necessidade. Amém.

DIA 5 - GANÂNCIA: VOCÊ SABE ONDE É VULNERÁVEL?

Cuidado! Fiquem de sobreaviso contra *todo tipo de ganância*; a vida de um homem não consiste na *quantidade* dos seus *bens.*

Lucas 12:1-15

NÓS ASSUMIMOS QUE a passagem de hoje não é para nós, mas sim para pessoas gananciosas. Mas a ganância nos afeta a todos, e ela às vezes vem em pequenos pacotes.

A jovem *Katie*, de apenas doze anos, estava dividindo uma porção de batatas fritas com sua irmã mais velha em uma lanchonete. Enquanto comiam, a irmã de Katie foi ficando irritada. "Katie! Toda vez que eu vou pegar uma batata, você agarra uma antes, mesmo quando sua boca já esteja cheia", foi a reclamação da irmã.

Anos depois, Katie refletiu sobre essa situação: "Eu pegava mais batatas fritas do que eu podia enfiar na boca e mesmo assim continuava querendo mais. Por quê? Eu não sei. Certamente não era porque eu estava com fome".

No grego, *ganância* é *pleonexia* – de *pleon*/mais e *echo*/ter. Ter mais. O termo, de acordo com o Dicionário Expositivo Vine, é sempre usado com um sentido negativo. Talvez você tenha ouvido a citação clássica do lendário milionário John D. Rockefeller, que ao ser perguntado: "Quanto dinheiro é preciso para ser rico?" respondeu, de forma perspicaz: "Apenas um pouco mais".

Pleonexia também é definido como cobiça - querer algo que outras pessoas têm, não porque precisamos, mas porque eles têm e nós não.

Várias frases em nosso texto precisam ser destacadas:

1. **Cuidado! Fiquem de sobreaviso.** Por que Jesus nos advertiria a *ficarmos atentos*? Porque a ganância é sutil, muitas vezes não estamos cientes de quando estamos sendo gananciosos. E a ganância é perigosa - tão perigosa quanto a imoralidade, diz o apóstolo Paulo. "Entre vocês não deve haver nem sequer menção de *imoralidade* sexual nem de qualquer espécie de impureza nem de *cobiça*; pois estas coisas não são próprias para os santos." (Efésios 5:3).

   Além disso, os Dez Mandamentos não apenas alertam sobre a ganância - eles a proíbem. "Não cobiçarás a casa do teu próximo... a mulher do teu próximo... *ou as batatas fritas do seu próximo* (Êxodo 20:17).

2. **Todo tipo de ganância.** A ganância vem em diversas formas. Um carro novo ou uma máquina de café expresso sofisticada podem não te tentar, mas você é vulnerável a *algum tipo de ganância* - talvez roupas bonitas, ou restaurantes legais, ou o último dispositivo tecnológico. Precisamos ter cuidado ao criticar os outros por seu *tipo de ganância*, reconhecendo que nós também temos pontos fracos. Mesmo se você está andando com Cristo a muitos anos, você é vulnerável a algum *tipo de ganância*.

3. **Quantidade de bens**: Finalmente, Jesus diz que a *abundância* [de posses] não gera uma vida abundante. Muitos cristãos compram (o trocadilho aqui é intencional) essa mentira mundana. Comprar algo visando aumentar sua autoestima e encontrar a felicidade definitivamente vai te ajudar a alcançar esse objetivo - por uns 20 minutos.

   Mas, e o chocolate? Esse te ajuda por uns 25 minutos. Desculpe por falar a verdade.

A terceira estrofe do hino de 1930 "Deus da Graça e Deus da Glória" captura nossa preocupação com as coisas:

"Cure a loucura beligerante dos Teus filhos, Dobre nosso orgulho ao Teu controle; Envergonhe nossa alegria egoísta e insensata, Ricos em coisas e pobres de alma."

O já falecido autor Jerry Bridges cunhou o termo "pecados respeitáveis". Os pecados óbvios, como roubo, assassinato ou adultério, são condenados por todos; eles são não respeitáveis. Mas a cobiça fica escondida e parece um crime sem vítimas - um "pecado respeitável". Como os outros pecados, a cobiça substitui Deus por coisas, o que é idolatria. E a vítima aqui é você!

Meu amigo, você se conhece bem o suficiente para entender qual é o *tipo de ganância* que te tenta?

Oração: Senhor de todas as coisas, geralmente considero a ganância como um problema enfrentado pelos outros, mas não por mim! Hoje eu admito que também sou vulnerável. Sou tentado a ser ganancioso por __________ e _______________. Eu confesso esse 'pecado respeitável', a ganância. Ajude-me a buscar a Ti em primeiro lugar e a não ser seduzido pelas coisas materiais. Amém.

DIA 6 - JESUS ERA POBRE? JESUS ERA RICO?

As raposas têm suas tocas e as aves do céu têm seus ninhos, mas o Filho do homem não tem *onde repousar a cabeça.*

Lucas 9:58

NOS SEMINÁRIOS DE CAPTAÇÃO DE RECURSOS que ensinei em vários países, essa é a pergunta que mais gera discussões acaloradas. Queremos saber como Jesus viveu e o que isso significa para nós hoje.

Querendo ser como Jesus, alguns pais da igreja primitiva tornaram-se eremitas do deserto. Eles não possuíam nada, não tinham emprego, e passavam seus dias meditando e por vezes pregando. A pobreza era sinal de uma caminhada próxima com Jesus (é o que eles diziam). Em contraste, ao longo da história da igreja muitos não eremitas consideraram a riqueza um sinal de que se está seguindo a Cristo de perto.

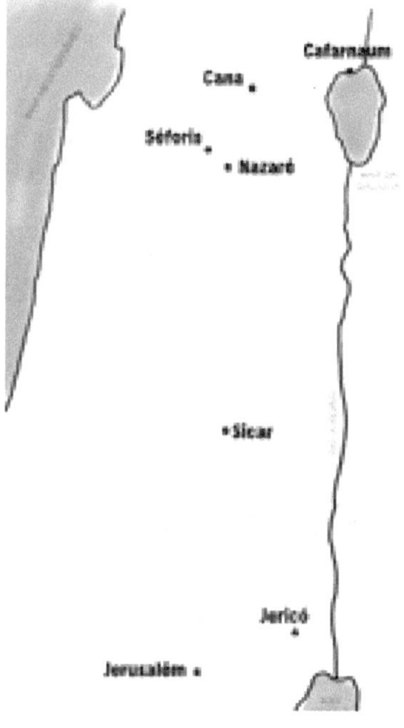

Mas vamos examinar as evidências. Se Jesus era pobre, quão pobre ele era? Ou quão rico? Aqui vão algumas pistas de ambos os lados.

OS PAIS DE JESUS

- José e Maria apresentaram o bebê Jesus no templo com duas rolinhas (Lucas 2:24). Para os que não podiam pagar por um cordeiro, pombas ou rolinhas eram um sacrifício aceitável (Levítico 12:8).

- Quando os Magos visitaram José e Maria dois anos depois do nascimento de Jesus, eles foram a uma "casa" em Belém (Mateus 2:11) - não a um celeiro. A situação econômica deles tinha melhorado?

- Em Nazaré, José era carpinteiro ou artesão (Mateus 13:55). Como Nazaré ficava a apenas uma hora de caminhada do resort romano de Séforis (mapa), José provavelmente tinha trabalho estável nessa cidade, que estava constantemente em construção.

O PRÓPRIO JESUS

- Embora Ele não tivesse garantia de ter algum local para passar a noite (como diz nossa passagem hoje), Jesus não parece ter vivido na rua. Em João 1:39, dois seguidores curiosos "vieram e viram onde [Jesus] estava hospedado....".

- Jesus tinha alguma propriedade? Mateus 4:13 afirma que Ele "*se estabeleceu* em Cafarnaum". A palavra grega *kataoikeo* pode implicar em propriedade de uma casa. Mais provavelmente Jesus *se estabeleceu* na casa da sogra de Pedro em Cafarnaum (Marcos 1:29 e 35).

- Jesus e os Doze tinham uma bolsa de dinheiro (João 12:6 e 13:29). O dinheiro para a bolsa provinha da doação de muitas mulheres que haviam sido tocadas pelo ministério de Jesus (Lucas 8:1-3).

- Jesus foi criticado por *comer e beber* com pecadores (Lucas 15:2). Ao contrário de João Batista, Ele não vivia como um eremita no deserto.

- Os soldados romanos na crucificação não rasgaram a túnica de Jesus, uma túnica tecida sem costura alguma. Antes, eles lançaram sortes por ela – o que insinua que era uma túnica cara (João 19:23-24).

- Jesus se identificou com os pobres - eles vinham a Ele com alegria. "O estilo de vida de Jesus não é o de alguém em uma comunidade fechada ou em um escritório corporativo", diz Timothy Johnson, professor de Novo Testamento na Emory University em Atlanta. Johnson argumenta que um "Jesus rico" é uma distorção da história.

- 2 Coríntios 8:9 afirma: "Pois vocês conhecem a graça de nosso Senhor Jesus Cristo que, sendo rico, se fez pobre por amor de vocês, para que por meio de sua pobreza vocês se tornassem ricos". Jesus certamente se tornou pobre ao deixar as riquezas multifacetadas da Trindade para viver como humano no Planeta Terra. Através de Sua pobreza espiritual (vindo à terra e morrendo por nós), nos tornamos espiritualmente ricos Nele. Este não é um versículo sobre economia material.

O ENSINAMENTO DE JESUS

- Embora Jesus nunca tenha condenado pessoas ricas pelo fato de serem ricas, Ele ensinou que a riqueza não deve se tornar um ídolo. Ele disse ao jovem rico para vender tudo o que tinha e dar aos pobres (Mateus 19:16-22). Como Sua vida era consistente com Seus ensinamentos, Jesus deve ter vivido de forma frugal e generosa.

Então, Jesus era pobre ou rico? Qual é a sua opinião? E por que ficamos tão curiosos a respeito disso?

Os que defendem a prosperidade precisam de um Jesus rico para provar que Deus quer que Seus seguidores sejam ricos. Os defensores dos pobres preferem um Jesus pobre. O debate continuará! Mas em vez de forçar uma resposta sim ou não, que tal a conclusão abaixo:

Jesus garantiu financiamento suficiente para permitir que Ele cumprisse Seu chamado da parte de Deus.

Este é um modelo que podemos seguir. Precisamos obter recursos suficientes deste mundo para cumprir o chamado que Deus deu a cada um de nós. Para alguns, isso requer riqueza. Para outros, nem tanto.

Agora, sejamos práticos. Jesus teria um smartphone? Se isso ajudasse a cumprir Seu chamado, sim!

Meu curioso amigo, qual é o chamado de Deus para você? E quantos recursos isso exigirá?

Oração: Senhor Jesus, vejo que Você teve financiamento suficiente para realizar a obra que o Pai decidiu que Você fizesse. Pela Sua graça, ajude-me a focar no chamado que Você colocou diante de mim. Eu confio em Ti para me capacitar a garantir financiamento suficiente para que eu realize o que fui chamado a fazer. Amém.

DIA 7 - DINHEIRO, PREOCUPAÇÕES E A GRANDE PROMESSA

> Portanto, *não se preocupem*, dizendo: 'Que vamos comer? ' ou 'que vamos beber? ' ou 'que vamos vestir? ' Pois os pagãos é que correm atrás *dessas coisas*; mas o Pai celestial sabe que vocês precisam *delas*. Busquem, pois, em primeiro lugar o Reino de Deus e a sua justiça, e *todas essas coisas* lhes serão acrescentadas.
>
> Mateus 6:33

OBSERVE AS TRÊS PRIMEIRAS palavras na passagem de hoje: Não se preocupem. Jesus não diz, "Tentem não se preocupar".

Preocupação em grego é *merimna*, e essa palavra aparece 19 vezes no Novo Testamento. Significa *ser puxado em diferentes direções* – ter duas percepções diferentes sobre coisas grandes ou pequenas. Por exemplo, "Tenho uma carreira promissora, mas e *se* eu não conseguir uma promoção?". Ou "Esse barulho no meu carro provavelmente não é nada, mas e *se*....?".

A arma favorita da preocupação é o "e *se*?".

As preocupações de início são legítimas, mas fervilhando abaixo da superfície, como um gêiser superaquecido, está o medo. Se não for controlado, o medo se transforma nos tipos mais exagerados de "e se", gerando enorme estresse. Eventualmente podem se desenvolver inclusive problemas de saúde, como dores de estômago, úlceras, síndromes do intestino irritável, dores de cabeça, problemas de sono, eczemas - e muito mais.

O que as nossas preocupações efetivamente alcançam? Um piadista anônimo disse uma vez: "A preocupação é como uma cadeira de balanço: ela te dá algo para fazer, mas não te leva a lugar algum".

Ainda assim, nós nos preocupamos. Alguns dizem, "Não consigo parar de me preocupar!". É possível que não sejamos capazes de parar a tentação de nos preocuparmos, mas devemos nos render às preocupações toda vez que essa tentação chegar a nós?

Na nossa passagem de hoje, Jesus oferece dois antídotos para a preocupação.

1. **Confie que Ele sabe de tudo**. Três vezes Jesus menciona *essas coisas* - as necessidades da vida - o que comer, o que beber e o que vestir. Como nosso "Pai celestial sabe que vocês precisam *delas*", *dessas coisas*, podemos relaxar. Ele está ciente das necessidades com as quais nos preocupamos.

   Se Deus sabe que precisamos dessas coisas, então, como diz o Salmista, podemos ser como aquele que "...não tem medo de receber más notícias; a sua fé é forte, pois ele confia no SENHOR" (Salmo 112:7 NTLH).

   Deus não só sabe, mas também se importa. 1 Pedro 5:7 diz: "Lancem sobre ele toda a sua ansiedade, porque ele tem cuidado de vocês".

2. **Acredite em Sua promessa**. Mateus 6:33 é a Grande Promessa. Para receber *essas coisas* (as necessidades da vida), *busque primeiro o Seu reino*. O senso comum diz que você deve *buscar primeiro* um bom emprego ou uma boa conta bancária, concentrar-se primeiro em suas necessidades físicas e usar a energia restante em sua vida espiritual. Mas, se sua prioridade número 1 é se esforçar pelas necessidades da vida, nada garante que você conseguirá supri-las. O trabalho duro não é garantia de sucesso.

Em vez disso, busque primeiro o Reino de Deus, e *todas essas coisas serão acrescentadas a você*. Isso é uma garantia.

Buscar o Reino de Deus significa não fazermos nada, ficarmos esperando com entusiasmo e santidade pelas bênçãos de Deus? Um pouco antes nesse mesmo capítulo (6:26), falando sobre as aves, Jesus disse: "o Pai celestial as alimenta. Não têm vocês muito mais valor do que elas?". Mas Deus não joga minhocas frescas na boca das aves todas as manhãs. Quando você vê um pardal ciscando na grama, ele está procurando o alimento que Deus proveu. Os pássaros fazem a sua parte, e Deus faz a Dele.

Além disso, às vezes nos preocupamos desnecessariamente. O poeta Ralph Waldo Emerson escreveu:

Muitos de seus males você curou,
E aos mais fortes você ainda sobreviveu.
Mas quantos tormentos e tristezas você suportou,
De males que nunca apareceram.

Meu amigo, você é uma pessoa que está sempre preocupada? Você consegue identificar os medos específicos que estão por detrás das suas preocupações? Uma autoanálise honesta certamente te ajudará.

Como seria para você colocar Jesus e Seu Reino em primeiro lugar - antes das suas finanças? Você está disposto a confiar na Grande Promessa de Jesus?

Oração: Pai Celestial, às vezes me preocupo em ter dinheiro suficiente - mas nunca pensei em como meus medos escondidos podem estar dirigindo minhas preocupações. Quero deliberadamente buscar primeiro a Ti. Eu confio na Sua promessa de que *todas essas coisas* me serão acrescentadas. Amém.

DIA 8 - O QUE JESUS ENSINOU SOBRE O DÍZIMO

> Ai de vocês, mestres da lei e fariseus, hipócritas! Vocês dão o dízimo da hortelã, do endro e do cominho, mas têm negligenciado os preceitos mais importantes da lei: a justiça, a misericórdia e a fidelidade. Vocês devem praticar estas coisas, sem omitir aquelas. Guias cegos! Vocês coam um mosquito e engolem um camelo.
>
> Mateus 23:23-24

JESUS FALOU APENAS duas vezes a respeito do dízimo. Primeiro, em Lucas 18:11–14, Ele contou a história de um fariseu que orgulhosamente agradecia a Deus por ser melhor do que os outros, dizendo: "Jejuo duas vezes por semana; pago o dízimo de tudo o que ganho".

Perto dele, um cobrador de impostos orava: "Deus, tem piedade de mim, que sou pecador". Jesus diz que foi o cobrador de impostos que voltou para casa justificado, e não o fariseu que sempre dava o dízimo. Essa parábola, na verdade, fala de humildade - não da prática do dízimo (veja a página 131).

O segundo ensinamento de Jesus sobre o dízimo está na nossa passagem de hoje. Jesus não critica os fariseus por *falharem* em dizimar - eles eram excelentes praticantes do dízimo. O Antigo Testamento pedia o dízimo apenas sobre cereais, vinhos novos e óleo, e também a primeira cria de todos os rebanhos (Deuteronômio 14:23). Os fariseus, no entanto, davam o dízimo até mesmo das plantas do jardim. Embora fossem meticulosos, os fariseus *negligenciavam os preceitos mais importantes da lei: a justiça, a misericórdia e a fé*. Eles priorizavam o que era menos importante.

De acordo com o Comentário Bíblico de Peter Pett, a palavra aramaica para mosquito é *qamla* e para camelo é *gamla* - palavras de sons semelhantes. A fala irônica de Jesus sobre *coar um mosquito* (um inseto minúsculo) e *engolir um camelo* (o maior animal da Palestina) deve ter gerado rizadas no meio dessa conversa séria.

Então, o que Jesus está dizendo realmente?

Ele está falando com os líderes judeus - seguidores da Antiga Aliança. Ele disse: "Vocês devem praticar estas coisas [justiça, misericórdia, fidelidade], sem omitir as *outras*". Outras está no plural - embora vago, provavelmente se refere às outras leis do Antigo Testamento. Jesus espera que os judeus sejam bons judeus – que sigam sua fé histórica, e isso inclui o dízimo.

Mas, e quanto aos seguidores da Nova Aliança? Se trouxermos o dízimo do Antigo Testamento para a Nova Aliança, devemos também trazer as outras leis judaicas - como as regras sobre alimentos e a circuncisão?

Das 40 vezes em que o dízimo é mencionado na Bíblia, 32 são no Antigo Testamento, incluindo o frequentemente mencionado texto de Malaquias 3:8–10, "Trazei todos os dízimos à casa do tesouro".

Alguns professores equipararam "casa do tesouro" a "casa da igreja". Mas isso é um exagero. Originalmente a casa do tesouro era um celeiro construído ao lado do templo com o objetivo de armazenar grãos excedentes durante o reinado de Ezequias, 250 anos antes de Malaquias.

E quanto ao apóstolo Paulo? Ele era um fariseu notável antes de sua conversão - e certamente era dizimista. Embora Paulo tenha ensinado as novas igrejas a doarem, ele se manteve silencioso sobre o dízimo. Nem um pio sequer. Seu silêncio não pode ser ignorado.

Líderes cristãos são livres para exortar as pessoas a dar o dízimo, mas não são livres para insistir no dízimo como a principal orientação para a doação no Novo Testamento. Isso minimiza outros ensinamentos do Novo Testamento sobre doação e (embora não intencionalmente) impõe uma "regra" aos crentes.

Mas, se o dízimo não é a orientação principal, qual deve ser então? Você pode começar sua busca no Novo Testamento com Lucas 21:1–4 e 2 Coríntios 8–9. Se você estiver procurando uma brecha para não ter que doar generosamente à sua igreja local, não é isso que você vai encontrar (Gálatas 6:10, 1 Timóteo 5:17–18).

O Novo Testamento não estabelece uma porcentagem ou uma fórmula para a doação. Você é livre! Sendo livre, você provavelmente dará muito mais do que dez por cento - e fará isso com alegria!

Oração: Pai de todos, agradeço por não estarmos debaixo da lei quando se trata de doar. Confesso que às vezes sinto que "tenho que dar o dízimo". E às vezes (como os fariseus) sinto orgulho das minhas doações. Ajude-me a não *coar um mosquito e engolir um camelo*, e ajude-me a não ser um julgador das doações dos outros. Ensina-me a ser livremente generoso. Amém.

O QUE A BÍBLIA REALMENTE DIZ SOBRE O DINHEIRO

DIA 9 - DÊ E SERÁ DADO A VOCÊ - SERÁ MESMO?

Deem e será dado a vocês: uma boa medida, calcada, sacudida e transbordante *será dada a vocês*. Pois a medida que usarem também será usada para medir vocês.

Lucas 6:38

DÊ E SERÁ dado a você tornou-se um provérbio - você certamente receberá dinheiro de volta pelo dinheiro dado, uma coisa por outra, e ainda mais um pouco. Lamentavelmente, alguns pregadores sequestraram esse versículo e o transformaram em uma fórmula que garante um retorno financeiro quando você "semeia uma oferta" no ministério deles.

Infelizmente somos céticos quanto a essa maravilhosa promessa – ela nos parece materialista demais; um benefício financeiro garantido apenas por doar alguns dólares? Mas uma surpresa nos espera quando mergulhamos no contexto dessa passagem. Veja os poderosos verbos usados a partir do versículo 28.

6:28 *Abençoem* os que os amaldiçoam, *orem* por aqueles que os maltratam.

6:30 *Dê* a todo aquele que pedir.

6:31 *Tratem* os outros como vocês querem que tratem a vocês.

6:35 Amem, porém, os seus inimigos, *façam-lhes o bem e emprestem a eles, sem esperar receber nada de volta.*

6:36 *Sejam misericordiosos.*

6:37 *Não julguem, não condenem, perdoem* e serão perdoados.

E finalmente o versículo 38, *Deem.*

Lucas 6:28-37 é sobre construir relacionamentos - especialmente com aqueles que fizeram algum mal a você. Quando amamos - até mesmo as pessoas não amáveis - quando somos misericordiosos e não condenamos o próximo, quando buscamos o bem dos outros, essas mesmas pessoas *colocam sobre nosso colo* mais amor, misericórdia e aceitação do que demos a elas originalmente. Este é o caminho do discipulado com Jesus como nosso líder.

Será dada a vocês, no sentido original, é *Eles colocarão sobre o nosso colo*. Os judeus usavam uma túnica comprida que podia ser puxada na cintura para formar um bolso profundo para levar as compras do mercado para casa ou para transportar grãos.

E sobre receber dinheiro de volta? Claro que se algum valor for doado ele pode ser recebido de volta. Mas note o versículo 35: "sem esperar receber nada de volta". *Dê e será dado a você* não é uma fórmula garantida para manipular Deus para te abençoar. Isso é um insulto. Os verdadeiros seguidores de Jesus entregam seus corações em relacionamentos sem esperar um retorno.

O Apóstolo Paulo capturou esse ensinamento de Jesus em 1 Tessalonicenses 2:8 quando disse aos novos crentes de Tessalônica, "Sentindo, assim, tanta afeição, decidimos dar a vocês não somente o evangelho de Deus, mas também a nossa própria vida, porque vocês se tornaram muito amados por nós".

Um missionário foi sustentado com 50 dólares por mês durante anos por um amigo no Arizona. Quando este amigo perdeu o emprego, no entanto, a oferta cessou. Após alguns meses, o missionário visitou o doador e sua esposa, passou duas noites na casa deles e os convidou repetidamente para comer fora – e o missionário pagou! Eles desfrutaram de dois dias de incentivo mútuo, risadas, recordações, oração e estudo da Bíblia.

Quando o missionário voltou para casa, o Senhor o motivou a enviar ao doador desempregado 200 dólares - nenhum motivo específico, só porque era necessário. O doador escreveu de volta expressando o quão profundamente os 200 dólares o haviam tocado.

Um ano se passou e finalmente o doador conseguiu um bom emprego. Logo o casal reiniciou o suporte ao missionário, não com 50, mas com 200 mensais.

O que aconteceu aqui? O missionário genuinamente "deu seu coração" para encorajar seus amigos, não para "conseguir algo de volta". Mas a promessa se provou verdadeira. Os 200 por mês continuam até hoje.

Meu amigo cristão, quando doa dinheiro você secretamente espera por um retorno financeiro? Ao invés de pensar assim, concentre-se em amar e servir aos outros. Vamos doar nossos corações, nossas emoções, nosso tempo, e sim, nosso dinheiro, sem esperar nada em troca. E ver o que acontece!

Para quem você pode se doar hoje?

Oração: Pai do céu, eu gosto de ser abençoado, mas hesito em dar o primeiro passo para construir ou reconstruir relacionamentos. Ajude-me a doar minhas emoções, meu pouco tempo, minhas limitadas finanças e minha pequena energia para as pessoas ao meu redor. Ajude-me a me interessar mais pelos outros do que por mim mesmo, começando com minha própria família. Amém.

DIA 10 - OITO FORMAS DE FALIR

O LIVRO DE Provérbios (que significa "ditados" ou "comparações") não é um livro de promessas garantidas, mas sim de resultados prováveis, de coisas que geralmente acontecem. E por trás desses resultados prováveis há um tema: O temor do Senhor.

Abaixo temos oito provérbios que tratam da pobreza. A quais deles você é mais vulnerável?

#1. NEGLIGÊNCIA

Provérbios 10:4: As mãos *negligentes* empobrecem o homem, porém as mãos diligentes lhe trazem riqueza.

SER *negligente* não é o mesmo que ser preguiçoso. Negligência é "falha em exercer o cuidado". A negligência pode ser causada por preguiça, mas também por medo ou ingenuidade. Se meu carro ficar sem o líquido de arrefecimento e o motor superaquecer, eu fui negligente - talvez porque eu acreditei no meu irmão quando ele me disse: "O radiador está cheio, não se preocupe".

#2. MERAS PALAVRAS

Provérbios 14:23: Todo trabalho árduo traz proveito, mas o *só falar* leva à pobreza.

UM MISSIONÁRIO ESTAVA desanimado e desejava mudar de carreira por conta da dificuldade que tinha de levantar recursos. Um amigo insistiu para que ele se juntasse a um negócio de marketing multinível para ganhar "muito dinheiro com pouco trabalho". Providencialmente, ele leu este provérbio a tempo e optou por ignorar esse *só*

---

falar, esse papo furado. No fim, seu amigo ganhou bem pouco dinheiro.

#3. PROCRASTINAÇÃO

Provérbios 20:4: O *preguiçoso* não ara a terra na estação própria; mas na época da colheita procura, e não acha nada.

NA AGRICULTURA DO ORIENTE MÉDIO, arar e semear devem ser feitos durante uma janela de tempo curta - e essas ações vêm imediatamente após o exaustivo trabalho da colheita. Só que esse é exatamente o tempo em que o *preguiçoso* quer descansar. Mesmo que você esteja cansado, faça agora!

#4. PRESSA

Provérbios 21:5: Os planos bem elaborados levam à fartura; mas o *apressado* sempre acaba na miséria.

ISSO SE REFERE a esquemas de "enriquecimento rápido", como loterias e jogos online. Mas, mais sutil ainda é o estilo de vida *apressado*. Alguém constantemente com pressa toma decisões abruptas e reage rápido demais ao inesperado, em vez de dar uma resposta refletida e planejada. Isso leva a más decisões financeiras e, eventualmente, à pobreza. Vá com calma. Faça planos diligentes.

#5. AMAR O PRAZER

Provérbios 21:17: Quem se *entrega* aos prazeres passará necessidade; quem se *apega* ao vinho e ao azeite jamais será rico.

NÃO HÁ NADA DE ERRADO com o prazer, e não há nada de errado com o óleo e o vinho, mas *amá-los* nos leva à pobreza. Provérbios 21:20 diz que há "óleo e vinho na casa do sábio". Qual é a diferença? Os sábios não *amam* o óleo e o vinho.

#6. BEBER EM EXCESSO, COMER EM EXCESSO, DORMIR EM EXCESSO

> Provérbios 23:21: Pois os bêbados e os glutões se empobrecerão, e a sonolência os vestirá de *trapos*.

DEUS NOS FEZ com os maravilhosos apetites de beber, comer e dormir. Mas, quando bebemos, comemos ou dormimos em excesso estamos caminhando para os *trapos*, para a miséria. Também os excessos sexuais são geralmente uma tentativa de fuga. De que você tem fugido?

#7. BUSCAS VAZIAS

> Provérbios 28:19: Quem lavra sua terra terá comida com *fartura*, mas quem persegue fantasias se *fartará* de miséria.

ESTE PROVÉRBIO POSSUI um jogo de palavras – *comida em fartura ou fartura de miséria*. Seguir *buscas* idealistas e *vazias*, como 'negócios que você não pode perder', termina em pobreza. Se uma oportunidade de ganhar dinheiro é "boa demais para ser verdade", ela é realmente boa demais para ser verdade.

Existe alguma busca idealista específica que tente você? O que a torna tão atraente?

#8. TENTAÇÕES SEXUAIS

> Provérbios 29:3: O homem que ama a sabedoria dá alegria a seu pai, mas quem anda com prostitutas dá fim à sua fortuna.

Fazer companhia a prostitutas na vida real ou virtualmente, através da pornografia, custa dinheiro - sem mencionar que arruína vidas. O filho pródigo "devorou [a riqueza do pai] com prostitutas" (Lucas 15:30).

OS NÚMEROS 5, 6 e 8 estão relacionados aos nossos apetites e ao escapismo escondido neles. Os números 2, 4 e 7 são semelhantes às visões de grandeza, sendo que alguma dose de realidade se faz necessária para se escapar delas. Os números 1 e 3 têm a ver com nossas vontades - fazer o que deve ser feito, quer estejamos dispostos ou não.

Meu amigo, a qual dessas tendências produtoras de pobreza você é mais vulnerável? Procure entre o que está implícito, entre o que está escondido por detrás. O que te torna vulnerável a essas tendências em particular?

Oração: Pai do céu, ajude-me a não escolher o caminho mais fácil cedendo aos meus apetites ou sentimentos. Ajude-me a ser uma pessoa de ação e livra-me das ilusões de grandeza. Amém.

DIA 11 – OS DOIS PRINCÍPIOS ECONÔMICOS SURPREENDENTES DE JESUS

> Então Jesus tomou os pães, deu graças e os repartiu entre os que estavam assentados, *tanto quanto queriam*; e fez o mesmo com os peixes. Depois que todos receberam o suficiente para comer, disse aos seus discípulos: *"Ajuntem os pedaços que sobraram*. Que nada seja desperdiçado".
>
> João 6:11-12

A PASSAGEM ACIMA é bastante conhecida e revela duas características visíveis de Jesus. Além disso, ela apresenta dois princípios econômicos que são surpreendentes, princípios que vão contra a forma como as pessoas agem nos dias de hoje.

O episódio bíblico em que Jesus *alimentou cinco mil homens* aconteceu no extremo norte do Mar da Galileia, perto da cidade de Betsaida. Uma grande multidão havia seguido Jesus até uma colina onde Ele os estava ensinando. E então, além de alimentá-los espiritualmente, Ele decidiu alimentá-los também fisicamente! A característica visível número 1 de Jesus é esta: Ele se preocupa com o bem-estar físico das pessoas – Seu ministério é holístico, como dizemos hoje.

Já que Betsaida era a cidade natal de Filipe (João 1:44), foi a ele que Jesus perguntou: "Onde compraremos pão para esse povo comer?". Os discípulos não tinham resposta, mas encontraram um menino com cinco pães de cevada e dois peixes (João 6:9).

Sabe o que aconteceu? Jesus multiplicou milagrosamente os pães e os peixes para os cinco mil. Os críticos dizem que isso não foi um milagre, mas sim que a multidão foi inspirada pelo menino que compartilhou seus pães e peixes. Vendo a generosidade dele, outros compartilharam suas provisões pessoais também. Hum... De onde vieram as sobras então?

Não se engane - Jesus pode fazer milagres. E essa é a característica visível número 2.

Agora, sobre os dois princípios econômicos surpreendentes: a surpresa número 1 é uma generosidade inesperada. Ele deu aos homens *tanto quanto eles quisessem comer*. Se cada pessoa tivesse recebido apenas um pedaço de pão e um pequeno peixe seco ainda teria sido um milagre que seria lembrado na Galileia por gerações. Mas, Jesus surpreendeu a todos - *tanto quanto eles quisessem comer* – e foram 12 cestos de sobras.

Isso contradiz o axioma que você já deve ter ouvido mais de 100 vezes: "Deus supre nossas necessidades, mas não nossos desejos".

O segundo princípio econômico é este: *recolher* as sobras. Por quê? Será que a preocupação de Jesus era não deixar lixo no campo onde as ovelhas pastariam no dia seguinte? Ou será que as sobras seriam a comida do dia seguinte? Ou Ele simplesmente estava preocupado em não sujar o meio-ambiente?

Surpresa de número 2: Embora fosse extremamente generoso, Jesus não era esbanjador.

Considere as seguintes perguntas sobre seus próprios princípios econômicos:

1. **Você é generoso de maneira inesperada?** Se você disser à pessoa que está te atendendo que você acabou de sair da igreja, surpreenda-a com uma gorjeta generosa. Quando você se deparar com uma família pobre em uma dessas franquias de fast food, pague o almoço deles – e inclua uma porção grande de batatas fritas! E para os missionários

que ajuda a sustentar, que tal um bônus de vez em quando?

Minha esposa, Alma, me ensinou uma lição valiosa sobre generosidade inesperada. Durante nossos dias de ministério universitário, convidávamos os estudantes para jantarem em nossa casa - incluindo sorvetes de sobremesa. Então eu apresentava uma tocante lição da Bíblia. Os estudantes ficavam por perto - conversando, rindo e orando.

Um dia um líder estudantil me disse: "Você sabe por que gostamos de vir aqui?". "Por causa dos estudos bíblicos?", eu perguntei em tom de brincadeira. Ele me respondeu: "Não! É porque Alma serve uma segunda e uma terceira rodada de sorvetes – quanto sorvete nós quisermos".

Generosidade inesperada de fato.

2. **Você é esbanjador?**

Durante a colheita na fazenda, meu avô juntava em um pequeno balde os grãos de milho que caíam do elevador de grãos. Afinal, por que deixá-los apodrecer no chão?

As escolas americanas ensinam os novos "três Rs": reutilizar, reciclar, reduzir. Ótimo, mas você apaga as luzes dos cômodos que não estão sendo usados? Você deixa seu carro ligado, desperdiçan-

do combustível, enquanto está dentro enviando mensagens de texto? Você consegue fazer um prato usando as sobras da geladeira?

Naquele dia em Betsaida, Jesus seguiu o velho adágio: *Use até acabar, use até ficar desgastado; faça funcionar, ou fique sem.*

No entanto, a economia não é um fim em si mesma. Uma pessoa extremamente frugal pode passar horas dirigindo pela cidade em busca de pechinchas, mas gastar exageradamente em algo desnecessário. A frugalidade pode se disfarçar de espiritualidade. Pessoas frugais podem ser tão obcecadas por dinheiro quanto pessoas materialistas.

Oração: Senhor de todas as coisas, ajude-me a encontrar maneiras de ser generoso de maneira inesperada com minha família, meus amigos e com estranhos. E mostre-me como ser frugal, não desperdiçando os recursos que vem do Senhor. Eu anseio ser como Tu és. Amém.

DIA 12 – ONDE DEVEMOS OFERTAR?

UM JOVEM CASAL CONSCIENTE se sente obrigado a dizimar em sua igreja local, mas também deseja apoiar um amigo que está fazendo um trabalho missionário em Ruanda. Com o orçamento apertado, eles não podem dizimar em sua igreja e ao mesmo tempo apoiar significativamente o amigo missionário. Eles estão frustrados e pedem conselhos.

O que você diria a eles?

Quatro passagens do Novo Testamento ilustram quatro grupos distintos a quem devemos ofertar para levar adiante o evangelho – são eles a igreja local, a família, os pobres e missões.

A IGREJA LOCAL

Gálatas 6:6: "O que está sendo instruído na palavra *partilhe todas as coisas boas* com quem o instrui".

PAULO INSTRUI OS novos crentes da Galácia (Antioquia da Pisídia, Derbe, Listra, Icônio - mapa) a *partilhar todas as coisas boas* com aqueles que lhes tem ensinado. *Partilhar todas as coisas boas* significa apenas compartilhar as verdades espirituais que foram ensinadas? Não. Gálatas 6 fala sobre fazer o bem, especialmente para a "família da fé" (6:10). Paulo está dizendo de forma ousada, "Apoie financeiramente aqueles que te ensinam!".

Na América, estudos mostraram que dentre os que frequentam igrejas 2% não dão nada à sua igreja local[3] e 34% doam para quatro ou mais organizações [além de sua igreja local][4]. Os líderes das igrejas admitem com tristeza que a regra 80/20 de Pareto (lei dos poucos vitais) está em vigor quanto o assunto é ofertas na igreja - 80% vem de 20% das pessoas.

Se aqueles que frequentam uma igreja local não a apoiam, quem o fará? Se o ensino espiritual que você recebe de sua igreja local é significativo, não deveria uma parte também significativa de suas ofertas ser direcionada a ela?

SUA FAMÍLIA

1 Timóteo 5:8: "Se alguém não cuida de seus parentes, e especialmente dos de sua própria família, negou a fé e é pior que um descrente".

O ANTIGO TESTAMENTO tinha leis para proteger as viúvas, mas qual é o nosso papel hoje no cuidado com as viúvas e a família? Paulo afirma que o chefe da família deve *prover para os seus*. Não abdique de sua responsabilidade pelo cuidado de sua mãe ou tia viúva, ou da igreja - ou do governo.

---

3   Bob Smietana. "Churchgoers Say They Tithe but Not Always to the Church." Lifeway Research. [Membros da Igreja dizem que ofertam, mas nem sempre em sua Igreja Local] May 10, 2018. https://lifewayresearch.com/2018/05/10/churchgoers-say-they-tithe-but-not-always-to- the-church/

4   Brian Kluth. "State of the Plate 2016." [Estado do Prato 2016] Church Tech Today. December 5, 2016. https://churchtechtoday.com/2016/12/05/state-plate-2016-free-report-infographic/

Mas, além de ofertar, você já não é responsável por sustentar sua família? Claro, mas às vezes os membros da família precisam de um impulso extra. Se uma ajuda extra para membros da família que estão em necessidade leva o evangelho adiante, você pode considerar isso como parte de suas ofertas. No entanto, sustentar a família pode ser algo sem fim! Estabeleça um limite. Ajudar sua família não te isenta de apoiar generosamente sua igreja, os pobres, ou as missões.

OS POBRES

Gálatas 2:10: "Somente pediram que *nos lembrássemos dos pobres*, o que me *esforcei* por fazer".

NESSA PASSAGEM, Paulo relata como os Apóstolos pediram que ele se lembrasse dos pobres enquanto pregava aos Gentios, e ele estava *ansioso* para ajudar os pobres - não relutante.

Na Última Ceia, os discípulos erroneamente pensaram que Jesus havia instruído Judas a deixar a festa e "dar algo aos pobres" (João 13:29). Isso revela que Jesus tinha o hábito de dar aos pobres.

Orar pelos pobres não é suficiente. Pregar aos pobres não é suficiente. O velho ditado é verdadeiro: "Um estômago vazio não tem ouvidos".

MISSÕES

3 João 7-8: "pois foi por causa do Nome que eles saíram, sem receber ajuda alguma dos gentios. É, pois, nosso dever receber com hospitalidade a irmãos como esses, para que nos tornemos *cooperadores em favor da verdade*".

A IGREJA PRIMITIVA enviou proclamadores do evangelho por todo o Mediterrâneo Oriental. Ao apoiar os viajantes do evangelho, os crentes eram *cooperadores da verdade* - verdadeiros parceiros ofertantes. Ao apoiar os trabalhadores do evangelho, você não é "apenas um doador". Você é um *cooperador da verdade*!

PORTANTO, temos quatro lugares para ofertar se quisermos fazer avançar o evangelho. Quanto devemos alocar para cada um deles? O Novo Testamento não nos diz. No entanto, no que diz respeito ao dízimo, o Novo Testamento não ensina a dar dez por cento para a igreja local. Jesus menciona o dízimo duas vezes, mas em nenhuma delas ordena isso a Seus seguidores. Paulo ensinou muito sobre ofertas, mas ele se manteve em silêncio sobre o dízimo.

Esses quatro grupos estão representados nas suas ofertas? Quanto você deve dar a cada um? Peça ao *Senhor* orientação sobre como dispor do dinheiro *Dele*.

Oração: Pai de todos, às vezes não sei onde ofertar. Devo ajudar minha família, mas preciso de limites. Quero ser generoso com a minha igreja também, mas muitas vezes negligencio os pobres e as missões. Ajude-me a honrar o Senhor em minhas ofertas. Me dê uma luz! Amém.

DIA 13 - EVITANDO O AMOR AO DINHEIRO

> Os fariseus, *que amavam o dinheiro*, ouviam tudo isso e zombavam de Jesus.
>
> Lucas 16:14

NÃO FOI Jesus quem disse que os fariseus *amavam o dinheiro*. Foi Lucas que fez esse comentário, que apenas revela o que todos já sabiam! O intrigante é que os fariseus eram os religiosos mais sérios do tempo de Jesus - extremamente sérios. Mesmo assim, amavam o dinheiro.

Imediatamente antes do texto de hoje, Jesus termina a parábola do mordomo injusto com as seguintes palavras: "Vocês não podem servir a Deus e ao Dinheiro" (16:13). Seria normal acreditarmos que pessoas religiosas sérias acolheriam este ensinamento financeiro, mas não foi isso que os fariseus fizeram. A frase *"zombavam de Jesus"* literalmente significa "virar o nariz".

Para não sermos demasiadamente críticos, é importante lembrar que, começando em 597 A.C. com o exílio dos judeus para a Babilônia (atual Iraque), sempre houve escribas zelosos que defenderam a Torá (lei de Moisés), mesmo Israel sendo sucessivamente dominado por babilônios, persas, gregos e, por fim, pelos romanos. São esses escribas zelosos que se tornaram os fariseus - "os separados". Eles defendiam a lei de Moisés enquanto o povo de Israel flertava com a moral greco-romana.

Entretanto, mesmo com todo seu zelo pelo Antigo Testamento, os 6 mil fariseus do tempo de Jesus eram conhecidos como *amantes do dinheiro*. O próprio Jesus disse que os fariseus devoravam as casas das viúvas (Mateus 23:14).

Os judeus acreditavam que a riqueza financeira era um sinal da bênção de Deus. Abraão era rico, Jó era rico, e o Rei Davi era rico. Por isso os fariseus zombavam de Jesus. Sobre isso, o teólogo Frank L. Cox escreveu: "Ninguém zomba de uma lição bíblica sobre doar, exceto o amante do dinheiro"[5].

Este é um duro alerta para nós. Se os religiosos sérios e comprometidos do tempo de Jesus se entregaram ao amor pelo dinheiro, nós, os religiosos sérios e comprometidos do nosso tempo, também podemos nos entregar. Ser dedicado a Cristo e sempre presente em atividades cristãs não nos torna imunes à tentação de amar o dinheiro.

Talvez o amor ao dinheiro seja um disfarce para o amor ao poder. O dinheiro pode nos cercar com dispositivos eletrônicos cheios de luzes, nos fazer voar na primeira classe, e nos levar a restaurantes caros. E parece provar para a família e os nossos pares que finalmente "chegamos lá".

Sendo um ex-fariseu, o Apóstolo Paulo entendeu a tentação do dinheiro. Ele disse: "Os que *querem ficar ricos* caem em tentação e armadilhas..." (1 Timóteo 6:9). Paulo não está escrevendo para pagãos que amavam o dinheiro, mas sim para cristãos amantes do dinheiro!

---

5   Frank L. Cox, According to Luke [Segundo Lucas] (Austin, Texas: Firm Foundation Publishing House, 1941), 50.

Da mesma forma, o escritor de Hebreus advertiu: "Conservem-se livres do *amor ao dinheiro* e contentem-se com o que vocês têm, porque Deus mesmo disse: Nunca o deixarei, nunca o abandonarei" (Hebreus 13:5, citando Deuteronômio 31:6).

O antídoto para o amor ao dinheiro é a promessa de que *Deus nunca nos abandonará*. Amigos podem nos abandonar, a família pode nos abandonar, e até nosso portfólio de ações pode nos dar adeus - mas Deus não nos abandonará. Portanto, relaxe em relação a buscar dinheiro. Não seja como um galgo inglês perseguindo um coelho de mentira em uma pista de corrida de cachorros. Mesmo se ele conseguir pegar o coelho, não terá alcançado nada.

Não sabemos como os corretos fariseus se tornaram amantes do dinheiro. Mas, como os crentes corretos de hoje, devemos saber que também podemos ser tentados a amar o dinheiro. Martinho Lutero disse que existem três conversões - a da cabeça, a do coração, e a da carteira.

Sua carteira já foi convertida?

Albert era um cristão piedoso em Abuja, Nigéria. Sendo um rico homem de negócios, ele tinha uma reputação - não de um amante do dinheiro, mas de um amante das pessoas. Ele regularmente convidava ministérios cristãos para usar sua modesta casa para reuniões, e inclusive fornecia as refeições. Quando perguntado por que era tão generoso, Albert respondeu: "Se Deus me possui, Ele possui o meu bolso".

E você, amigo? Deus é dono do seu bolso?

Oração: Senhor Jesus Cristo, dono de todas as coisas, confesso que às vezes tenho fome das coisas que o dinheiro pode comprar. Ajude-me a ver o dinheiro pelo que é - um meio de troca e não a medida do meu valor ou sucesso. Que a frase *amante do dinheiro não se torne minha reputação*. Amém.

DIA 14 - O SEGREDO DE POUPAR

> Na casa do sábio há comida e azeite armazenados, mas o tolo devora tudo o que pode.
>
> Provérbios 21:20.

NOS NOSSOS PRIMEIROS anos de casamento, com a família crescendo, Alma e eu estávamos determinados a fazer uma poupança. Recebíamos nosso salário na sexta-feira, pagávamos as contas, comprávamos mantimentos, e na segunda-feira já estávamos quebrados - de novo! Então nós segurávamos a respiração até o próximo salário, na próxima sexta-feira. E não estávamos comprando nada exagerado! Vivíamos frugalmente, mas não conseguíamos poupar.

A maioria das pessoas acredita que poupar é uma boa ideia, mas todos sabemos que isso não é nada fácil. Surpreendentemente, apenas alguns versículos da Bíblia elogiam o ato de poupar. Nossa passagem de hoje é uma delas, e ela apresenta dois extremos:

- Sábio – insensato
- Acumulação – gasto imediato.

Os sábios têm *comida* e *azeite* armazenados em suas casas. Como? Porque eles *acumulam* em vez de *gastar tudo de uma vez.*

Azeite se refere ao óleo de oliva. Ele era usado na preparação de alimentos, para cuidar de feridas e como mercadoria comercial. As oliveiras podem viver por cerca de 500 anos, mas são necessárias muitas árvores para produzir uma pequena quantidade de azeite. Estar bem suprido de azeite de oliva era um sinal de prosperidade.

Porque eles acumulam, os sábios têm muitas opções econômicas. Quando se trata de gastar, eles conhecem apenas uma palavra: Não! Os insensatos, por sua vez, sucumbem à gratificação imediata (inclusive os crentes). Eles acabam sem opção econômica alguma.

Em uma postagem sobre a economia, um jovem disse: "Não consigo encontrar um trabalho que pague o suficiente para me fazer sentir confortável, por conta dos meus gastos mensais". Hum... Que tal cortar despesas?

Talvez você conheça pessoas que têm uma boa renda, mas que estão constantemente quebradas. Nossa passagem de hoje não as chama de insensatas porque elas estão quebradas, mas sim porque não guardam pensando no futuro.

Por outro lado, a acumulação pode ser perigosa. Provérbios 21:17 (três versículos antes da passagem de hoje) diz: "... quem se apega ao vinho e ao azeite jamais será rico" Provérbios 21:17b. Possuir azeite pode indicar prosperidade, mas amar o azeite gera pobreza. 1 Timóteo 6:10a é similar: "... pois o *amor ao dinheiro* é raiz de todos os males".

É possível poupar demais? Sim. A poupança excessiva é muitas vezes movida pelo medo - e se eu não tiver o suficiente? Após ensinar "não acumulem para vocês mesmos", Jesus disse três vezes "não se preocupem" (Mateus 6:25-34). A preocupação é o visitante controlador que, mesmo não tendo sido convidado, insiste em permanecer à mesa quando realizamos nosso planejamento financeiro.

Além disso, poupar demais impede você de cumprir os propósitos estratégicos que Deus tem para os recursos que Ele lhe deu.

Então, quando é bom poupar? Gênesis 41:49 diz: "Assim José estocou muito trigo, como a areia do mar...". Mas logo vieram sete anos de fome, e "de toda a terra vinha gente ao Egito para comprar trigo" (Gênesis 41:57). A acumulação de José tinha um propósito divino - ajudar as pessoas famintas. Se sua poupança não tem um propósito específico, ela é apenas acumulação.

Para manter suas economias numa perspectiva bíblica, faça três perguntas:

- Quais são meus propósitos divinos para poupar?
- Quanto de acumulação é suficiente para que eu faça o que eu fui chamado para fazer?
- Deus está falando comigo sobre usar algumas economias para um de Seus propósitos específicos hoje?

Quanto poupar?

Acumule o suficiente para realizar os sonhos que Deus lhe deu - sonhos pessoais, sonhos de família e sonhos ministeriais.

A acumulação é necessária. Um salário não realizará seus sonhos.

Alma e eu finalmente demos um passo em relação às nossas finanças. Ao invés de tentar poupar o que sobrava, decidimos poupar primeiro - no dia em que recebíamos nosso pagamento. PVP – pague a você primeiro. Recebíamos nosso salário na sexta-feira e imediatamente transferíamos 50 dólares para uma conta poupança. Agora tínhamos 50 a menos para gastar na próxima semana – eu pensei que a gente ia morrer. Mas sobrevivemos!

Oração: Deus, dono dos rebanhos de milhares de colinas, eu reconheço meu desejo por segurança, mas ajude-me a evitar a idolatria de venerar minhas economias e investimentos. Você está falando comigo sobre um uso específico de algumas das minhas economias agora? Guia-me para me planejar para realizar os sonhos divinos que necessitam de *comida* e *azeite*. Que eu gerencie minha renda com disciplina em vez de gastar tudo de uma só vez. Amém.

DIA 15 - AJUDANDO OS POBRES COM DIGNIDADE

"Não colham até às extremidades da sua lavoura, nem ajuntem as espigas caídas de sua colheita. Deixem-nas para o necessitado e para o estrangeiro. Eu sou o Senhor, o Deus de vocês".

Levítico 19:9-10

Os respigadores, Jean-François Millet, 1857. Domínio público.

ESTA LEI, dada aos agricultores de Israel a 3.400 anos, tem alguma relevância para a gestão financeira de hoje, especialmente se você vive na cidade e pensa que granola é algo produzido em algum supermercado?

Existe um ensinamento semelhante em Deuteronômio 24:19: "Quando vocês estiverem fazendo a colheita de sua lavoura e deixarem um feixe de trigo para trás, não voltem para apanhá-lo. Deixem-no para o *estrangeiro*, para o órfão e para a viúva, para que o Senhor, o seu Deus, *os abençoe em todo o trabalho das suas mãos"*.

Essas passagens nos ensinam uma verdade bem simples - deixe algum alimento para os pobres. Na colheita, os judeus não deveriam ir atrás da última haste de trigo dos cantos de seus campos, nem recolher um feixe esquecido. Eles deveriam agitar os ramos de suas oliveiras apenas uma vez e deixar as azeitonas que não caíssem para os pobres (Deuteronômio 24:20).

Esses mandamentos são contrários à moderna eficiência econômica à moda Ebenezer Scrooge. Um proprietário compra um terreno de 40 acres, derruba as árvores, os aspargos e os arbustos de amora selvagem ao longo da cerca e diz: "Preciso plantar milho em cada palmo desse terreno para que ele se pague totalmente".

O que desta antiga lei rural judaica serve pra nós hoje?

1. Se Deus se preocupa com aqueles com dificuldade de subsistência, nós também devemos nos preocupar. Ele instituiu uma lei em Israel instruindo Seu povo a ajudar os pobres não sendo mesquinhos na colheita. A maioria dos governos hoje tem políticas financeiras para ajudar os pobres, mas muitas vezes elas têm consequências negativas imprevistas e destroem a dignidade das pessoas. Mas, devemos deixar os pobres para o governo? Por que os crentes não podem liderar o caminho no cuidado destes seres humanos negligenciados, pessoas por quem Cristo deu sua vida?

2. A provisão de Deus para os pobres não era uma esmola - os pobres iam aos campos colher debaixo do sol quente. Agachar-se hora após hora colhendo grãos esquecidos era (e é) um trabalho duro. O trabalho físico de colher permitia aos pobres manter sua dignidade.

3. Enquanto o povo de Deus abençoar os pobres, Ele os abençoará em todo o trabalho de suas mãos. Ele não nos diz como, mas podemos contar com isso.

Aqui estão alguns exemplos de como podemos, hoje, colocar em prática essa antiga admoestação judaica:

- Em Lagos, Nigéria, comerciantes de frutas passam pelos bairros vendendo frutas frescas de porta em porta. Um amigo disse que ele e sua esposa tinham o hábito de "negociar duramente" para baixar o preço das frutas. Recentemente, eles descobriram que os vendedores só lucravam alguns centavos em cada venda. "Sentimos como se estivéssemos sendo repreendidos", ele disse. "Não pechinchamos mais".

- Garçons e garçonetes de restaurantes em todos os Estados Unidos tem pavor da multidão que enche os restaurantes no "almoço pós-culto". Eles sabem que os frequentadores da igreja são os que dão as gorjetas mais baixas.

- Anos atrás, eu disse a um amigo financeiramente frugal que eu tinha passado alguns dias negociando com uma concessionária de carros e que por conta disso havia conseguido compartilhar o evangelho com o vendedor, que acabou se tornando um amigo. Meu amigo frugal disse: "Eu também comprei recentemente um carro, mas negociei com tanta agressividade que ficaria envergonhado de dizer que sou cristão".

Em um café da manhã de oração em Milwaukee, dignatários falaram honesta e humildemente sobre os problemas da grande cidade à beira do lago Michigan. Os líderes da cidade, um por um, foram ao pódio, prometendo trabalhar juntos - especialmente pelos pobres.

Logo chegou a hora da leitura das Escrituras. Um advogado judeu idoso se levantou para ler Levítico 19:1-10, nosso trecho de hoje. Ele leu pausadamente o antigo texto e bem lentamente os dois versículos finais, "*Não colham até às extremidades da sua lavoura*". Então ele fechou a Bíblia. Ele olhou para o público de líderes empresariais e religiosos e disse com firmeza: "Não tente pegar até o último centavo!".

A audiência ficou em silêncio. Naquele dia, uma Escritura de 3.400 anos tocou um homem moderno no centro de Milwaukee.

Amigo, você está tentando pegar até o último centavo? Você "negocia duramente" com os fornecedores? Você deixa gorjetas bem pequenas para as pessoas que te servem nos restaurantes? Você está derrubando árvores centenárias para usar cada centímetro do terreno para plantar mais uma fileira de milho?

Que ações silenciosas você pode tomar para ajudar os pobres ao seu redor e permitir que eles mantenham sua dignidade?

Oração: Pai do céu, Você se preocupa profundamente com os pobres e desprivilegiados. Eu também me importo, mas confesso que colho todos os frutos dos meus campos – sou prospero em eficiência econômica. Eu penso mais nos meus resultados do que em cuidar dos outros. Mostre-me o que posso fazer para prover os pobres de maneiras que reforcem sua dignidade. Amém.

DIA 16 - QUANTO DE RENDA É SUFICIENTE?

> Pois veio João, que jejua e não bebe vinho, e dizem: 'Ele tem *demônio*'. Veio o Filho do homem comendo e bebendo, e dizem: 'Aí está um *comilão* e beberrão, amigo de publicanos e pecadores'!
>
> Mateus 11:18-19

IMAGINE JOÃO BATISTA e Jesus apresentando orçamentos para um projeto de construção na Comissão de Planejamento Urbano da sua cidade. João vem vestido com um manto de "pelos de camelo" e comenta que sua dieta é de "gafanhotos e mel silvestre" (Mateus 3:4). Ele apresenta um orçamento com o valor mais baixo. "Baixo demais", dizem alguns membros da Comissão, cheios de suspeita.

Daí vem Jesus vestindo uma bela túnica, sem costuras e tecida numa única peça (João 19:23). Seu orçamento contempla um grande espaço de convivência que será usada para que se possa comer e beber com publicanos e pecadores (Lucas 15:2). "Alto demais", dizem alguns membros mais frugais da Comissão.

E quanto a você? Suponha que você tenha apresentado um orçamento à Comissão de Planejamento Urbano. Quanto você pediria de salário? Quanto seria o suficiente?

Nossa cultura nos pressiona a ganhar mais do que os outros. John Wesley, o fundador do metodismo, disse uma frase que ficou famosa: "Ganhe tudo que puder, economize tudo que puder, doe tudo que puder".

Quem pode argumentar contra isso? No entanto, ganhar o máximo que você consegue tem um preço. Você possui energia física e emocional para trabalhar em um segundo ou terceiro emprego? O estresse adicional não afetaria sua saúde? Ou sua família?

Vamos tirar o foco do dinheiro e pensar sobre nossa renda a partir da perspectiva de Cristo. Na Oração do Pai Nosso, Jesus disse: "Venha o Teu reino. Seja feita a Tua vontade". O que Jesus tinha em mente? Avançar o evangelho, claro.

De maneira semelhante, Paulo afirmou fazer tudo "por causa do evangelho" (1 Coríntios 9:23). E ele disse aos Filipenses: Sei o que é passar necessidade e sei o que é ter fartura. Aprendi o segredo de viver contente em toda e qualquer situação, seja bem alimentado, seja com fome, tendo muito, ou passando necessidade. Tudo posso naquele que me fortalece" (Filipenses 4:11-13).

Ao invés de nos esforçarmos para ganhar cada vez mais, que tal a orientação abaixo?

Ganhe o suficiente para ter o máximo de frutos no chamado específico que Deus lhe deu.

Seu nível de renda é mais uma questão de compromisso com o evangelho e uma questão de chamado pessoal do que uma questão de valores. Pastores e missionários falam sobre seu chamado, mas nós nos esquecemos de que todas as pessoas da terra são chamadas por Deus para levar Seu Reino adiante. Ninguém é insignificante.

Então, qual é o chamado da *sua* vida? Ele é bem mais amplo do que seu emprego ou sua carreira. Deus lhe deu determinados dons e o colocou em uma determinada família em um determinado lugar geográfico com o objetivo de avançar Seu Reino.

É certo que você precisa quitar seus compromissos e pagar suas contas em dia, e talvez você necessite ganhar mais. E talvez você deva cortar despesas. Deixe seu chamado ser o seu guia. O Todo-Poderoso Dólar não deve ser o fator principal em sua busca pela vontade de Deus.

Recentemente um amigo aceitou um corte de salário para trocar de departamento em sua empresa, do marketing para o de recursos humanos. Ele sentia que seu dom e chamado o haviam preparado para isso, mas sua renda diminuiu drasticamente. Foi um passo de fé para ele e para sua esposa.

Busque uma renda que permita a você realizar o chamado específico que Deus lhe deu. Não se importe com o que os outros na sua faixa etária ganham. João Batista e Jesus tinham rendas diferentes, mas ambos cumpriram seus chamados - e ambos foram criticados.

Se você não pode ser um pinheiro no topo da colina, seja um arbusto no vale - mas seja o melhor pequeno arbusto lá ao lado do riacho, seja um arbusto se você não pode ser uma árvore[6].

Sua renda permite que você realize o seu chamado? Como você descreveria o seu chamado?

Oração: Pai do céu, às vezes caio na armadilha de pensar que preciso estar em ascensão, ganhando sempre mais e mais. Isso é muito cansativo. E lutar somente por dinheiro é algo vazio. Às vezes invejo aqueles que têm mais do que eu. Ajude me a enxergar além do meu emprego para o chamado único e específico que você me deu. Por favor, forneça a renda necessária e suficiente para me permitir fazer o que você me chamou para fazer. Amém.

---

6   Douglas Malloch, "Seja o Melhor do Que Você É", em The Best Loved Poems of the American People, Selecionados por Hazel Felleman (Nova Iorque: Doubleday, 1936), 102.

O QUE A BÍBLIA REALMENTE DIZ SOBRE O DINHEIRO

DIA 17 – DESFRUTE DA SUA RIQUEZA! SÉRIO?

> Ordene aos *que são ricos* no presente mundo *que não sejam arrogantes, nem ponham sua esperança na incerteza* da riqueza, mas em Deus, que de tudo nos provê ricamente, *para a nossa satisfação.*
>
> 1 Timóteo 6:17

A IGREJA PRIMITIVA atraía os impotentes — especialmente escravos e mulheres. Mas em Éfeso, pessoas ricas também estavam vindo para Cristo. A orientação de Paulo para eles é surpreendente — e um importante alerta para nós hoje.

Éfeso é agora uma cidade turística da costa turca, mas no tempo de Paulo era uma movimentada cidade portuária de 150 mil habitantes. Éfeso conectava navios mercantes de Roma com os ricos mercados da Ásia Menor. A cidade se gabava de possuir um anfiteatro que comportava 25 mil espectadores — uma próspera cidade romana.

E então, alguns dos ricos cidadãos de Éfeso passam a participar da igreja de Timóteo. Paulo não os critica por serem ricos, nem os admoesta a dar tudo o que têm (como Jesus instruiu ao jovem rico em Mateus 19). Mas ele diz a eles o que não deveriam fazer.

Primeiro, não sejam *arrogantes*, 'altivos', diz a linguagem antiga da Bíblia King James. Na tradução da Bíblia A Mensagem, 'cheios de si mesmos'. Pessoas ricas são frequentemente lisonjeadas sobre como são maravilhosas — o perigo vem quando os ricos acreditam nisso! Crentes ricos podem fazer coisas que outros não podem, mas nenhum rico deve pensar que é mais valioso aos olhos de Deus do que qualquer outra pessoa.

Para evitar ser 'altivo', um amigo na liderança de um ministério pendurou na garagem um antigo macacão listrado de fazenda que pertencia ao seu pai, para vê-lo todos os dias ao sair para o trabalho.

Segundo, os ricos não devem pôr *sua esperança na incerteza da riqueza*. Uma coisa é certa — as riquezas são incertas, tão imprevisíveis quanto uma criança de dois anos em uma sessão de fotos em família. O Salmo 62:10 diz: "Se as suas riquezas aumentam, não ponham nelas o coração". A riqueza é uma ferramenta maravilhosa, mas um senhor terrível.

Mas Paulo não deixa os efésios apenas com uma instrução negativa. Agora eles devem mudar sua esperança das riquezas incertas para o que é realmente certo — para Deus, *que de tudo nos provê ricamente, para a nossa satisfação*. Faça com que a sua riqueza lhe traga satisfação! Desfrute dela! Ótimo, mas isso não é perigoso? Algum contexto pode nos ajudar.

No tempo de Paulo, uma heresia havia se infiltrado nas igrejas — o Gnosticismo, que ensinava que toda matéria é má. Somente o espírito é bom. Por conta de sua "falsa humildade e severidade com o corpo" (Colossenses 2:23), os mestres gnósticos pareciam extremamente santos, e isso atraía os efésios.

Paulo falou contra o Gnosticismo em 1 Timóteo 4:3 ao afirmar que "tudo que foi criado por Deus é bom…". Em

Gênesis, ao criar o mundo, Deus afirmou cinco vezes que o que Ele havia criado era "muito bom" (Gênesis 1:31). Embora popular, o Gnosticismo era uma flagrante heresia. E ainda hoje algumas pessoas se orgulham de ter pouco e julgam os outros que têm mais. O Gnosticismo não está morto.

As palavras de Paulo, para a nossa *satisfação*, são um sussurro para nós a respeito do amor de Deus — em contraste com o Gnosticismo, Deus quer que desfrutemos do que Ele nos deu — tanto das coisas espirituais quanto das físicas. A raiz grega do *termo traduzido como satisfação é chara* — deleite tranquilo.

Mas, você vê o perigo. Desfrutar das coisas materiais pode nos levar a adorar as coisas materiais — especialmente o mais recente dispositivo eletrônico! Se *colocarmos nossa esperança em Deus*, no entanto, poderemos *aproveitar — nos deleitar calmamente* no que Ele proveu. Não devemos trivializar o amor de Deus por nós.

Um jovem capelão universitário precisava encontrar uma casa grande o suficiente para realizar grupos de estudo bíblico de seu crescente ministério. Mas não aparecia nada. Por fim, pela graça de Deus, ele encontrou uma casa nova, totalmente mobiliada, pouco antes do início das aulas. A casa pertencia a um professor que estava de licença.

Um tempo depois, o pastor metodista local, um amigo de mais idade, veio visitar o jovem capelão. Enquanto estavam sentados na linda sala de jantar, o capelão começou a se desculpar pelos móveis bonitos e pelas belas janelas com vista para uma floresta.

O pastor metodista o interrompeu e disse: "Nunca se desculpe pelo que Deus fez por você. Deus deu — aproveite!".

Oração: Pai do céu, Você criou a matéria e a chamou de "muito boa". No entanto, às vezes me sinto culpado pela abundância que tenho em comparação com os outros. Ajude-me a não adorar as coisas que você me deu, mas sim a acreditar verdadeiramente que você quer que eu aproveite o que você proveu. Amém.

DIA 18 – DUAS ADVERTÊNCIAS PARA OS RICOS – E UMA PROMESSA

> Ordene-lhes que *pratiquem* o bem, sejam *ricos* em boas obras, *generosos* e *prontos para repartir*. Dessa forma, eles acumularão *um tesouro* para si mesmos, um firme fundamento para a era que há de vir, e assim alcançarão *a verdadeira vida*.
>
> 1 Timóteo 6:18-19

PAULO CONTINUA sua orientação aos efésios ricos com duas advertências, seguidas por uma promessa.

1. *Pratiquem o bem, sejam ricos em boas obras*. No versículo 17, Paulo diz a eles que aproveitem o que Deus lhes deu. Agora Deus os exorta a serem ricos em boas obras. E boas obras geralmente custam dinheiro.

   Uma fábula de Esopo conta a história de um rico avarento que enterrou ouro em seu jardim. Uma vez por semana, ele desenterrava o ouro para admirá-lo e depois o enterrava novamente. Um dia, um ladrão espiou por cima da cerca e viu o avarento enterrando seu tesouro. Mais tarde, o ladrão retornou sorrateiramente e roubou o precioso ouro do pobre sovina. Na semana seguinte, quando este veio saborear sua riqueza, encontrou apenas um buraco vazio. A lição é essa: "A riqueza não utilizada pode muito bem não existir"[7].

---

7   Accent on Humor, Murray Milton, Philanthropic Service for Institutions, General Conference of Seventh Day Adventists, 1992, Silver Spring, MD page 26.

2. *Generosos* e *prontos para repartir. Repartir é koinonia* - significa comunhão, comunidade ou social.

Em uma charge, um magnata rico está sentado em uma sofisticada poltrona lendo seu jornal. Um menino pequeno se aproxima com um caminhão de brinquedo e pede ao magnata para brincar com ele. O homem rico responde: "Não sou muito bom com crianças. Tome aqui $20".

"Koinonia" implica oferecermos *nós mesmos*, não apenas nosso dinheiro. Dar dinheiro é bem mais fácil se comparado a doar nossos corações.

E tem mais.

Estar *prontos para repartir* significa estarmos *emocionalmente* preparados para dar - não algum dia, mas *hoje*. É como comprar um carro. Existem "olheiros" que adoram ver carros à venda, mas nunca estão emocionalmente prontos para se separar de seu dinheiro.

Você já teve uma oportunidade de fazer o bem, disse a si mesmo "Eu deveria fazer algo", mas depois se distraiu e o momento passou? Devemos estar *prontos para compartilhar* - emocionalmente preparados para dar. Tiago, o irmão de Jesus, disse: "Sejam praticantes da palavra e não apenas ouvintes, enganando-se a si mesmos" (Tiago 1:22).

Para colocar isso em prática, um amigo meu prepara um envelope de dinheiro todo dia 1º de dezembro. Durante essa época tão movimentada do ano, ele *está pronto para repartir* imediatamente com os necessitados.

Além das duas advertências, Paulo entrega uma promessa - *um tesouro para o futuro*. Jesus usa uma frase semelhante, "tesouro no céu", três vezes (Mateus 6:20, 19:21 e Lucas 12:33), e isso certamente é o que Paulo quer dizer aqui. O que é um tesouro no céu? Certamente é mais valioso do que ganhar na loteria ou ter Netflix grátis por toda a eternidade.

Nós sabemos que o céu estará cheio de crentes "de todas as nações, tribos, povos e línguas, de pé, diante do trono e do Cordeiro..." (Apocalipse 7:9). É possível que esse tesouro para o futuro se refira àquelas pessoas que foram ajudadas a ir para o céu por causa de sua generosidade?

Pense na recepção que você receberá daqueles que ouviram o evangelho através de um missionário que você apoiou. Ou na recepção de uma mãe solteira que encontrou Cristo em um programa de auxílio a pessoas divorciadas em sua igreja. Ou na do morador de rua que foi motivada a ler o Novo Testamento que você deu a ele junto com um sanduiche do McDonald's.

Esta é a *verdadeira vida* - fazer o bem, ser rico em boas obras, ser generoso e pronto para compartilhar, agora e por toda a eternidade.

A generosidade não é opcional. O comentarista bíblico escocês William Barclay adverte: "Se o cristianismo é a melhor de todas as religiões, então deveria produzir as melhores pessoas." Não deve produzir avarentos!

Amigo, sendo rico ou não, você está "pronto para repartir"? Para quem você pode fazer uma boa ação no dia de hoje?

Oração: Pai do céu, comparado à maioria das pessoas do mundo eu sou rico. Mostre-me hoje como posso usar os recursos que Você me deu para fazer o bem à outra pessoa - uma viúva com problemas no carro, um parente desanimado, um amigo não crente que está com pouco dinheiro. Que eu seja generoso e pronto para compartilhar. Amém.

82

DIA 19 - SUPERESPIRITUALIDADE, DINHEIRO E OS NOSSOS PAIS

> Pois Moisés disse: 'Honra teu pai e tua mãe'... Mas vocês afirmam que se alguém disser a seu pai ou a sua mãe: 'Qualquer ajuda que vocês poderiam receber de mim é *Corbã*', *isto é, uma oferta dedicada a Deus*, vocês o desobrigam de qualquer dever para com seu pai ou sua mãe.
>
> Marcos 7:10-12
>
> (Jesus aos Fariseus)

SEUS PAIS têm uma reserva financeira guardada para uma emergência? O que eles farão na velhice, quando sua renda for reduzida?

Esta *passagem do Corbã* não é muito conhecida, mas contém um importante aviso, especialmente para pessoas piedosas, sobre o cuidado com a família.

Os judeus prezavam o quinto mandamento, "Honra teu pai e tua mãe" (Êxodo 20:12). Mas, ao longo dos anos, tradições foram se associando à Torá, como cracas em um píer na praia. A tradição do *corbã* permitia que um filho pegasse dinheiro destinado a seus pais (para ajudá-los na velhice, ou em doenças) e o dedicasse ao templo – como oferta. Ele simplesmente dizia a seus pais: "É *Corbã - dado a Deus*", e ele estava livre da obrigação de cuidar deles financeiramente.

Por que um filho ou filha daria ao tesouro do templo em vez de cuidar dos pais idosos? Vingança? Talvez os pais fossem abusivos. Para impressionar os outros com

---

uma demonstração de grande doação? Para ganhar uma recompensa celestial?

Ou era simplesmente ganância? A oferta de corbã poderia ser arranjada como um truste do qual o filho poderia obter para si mesmo uma renda de investimento[8]. Era uma forma *espiritual* e sem culpa de evitar as despesas de cuidar dos pais - e ao mesmo tempo receber uma renda. Mesmo que o filho se arrependesse de sua decisão, o dinheiro não poderia ser devolvido. Na passagem paralela de Mateus, Jesus chama essa prática de hipocrisia (15:7a).

Paulo ecoa o ensinamento de Jesus. "Se alguém não cuida de seus parentes, e especialmente dos de sua própria família, negou a fé e é pior que um descrente" (1Timóteo 5:8). Provérbios 28:24 concorda: "Quem rouba seu pai ou sua mãe e diz: "Não é errado" é amigo de quem destrói".

Esse é um forte alerta para filhos adultos que não disciplinam seus gastos pessoais e, portanto, têm pouco dinheiro guardado para ajudar a seus pais. Também é um alerta para aqueles que dão grandes quantias para causas cristãs, mas não ajudam a seus pais. "É *Corbã* - dado a Deus. Desculpe mãe e pai.

O ensinamento de Jesus sobre Corbã vai além do dinheiro. Uma estudante universitária foi convidada a fazer uma viagem missionária durante as férias da primavera com seu grupo de estudos, mas seus pais queriam que ela os acompanhasse numa viagem de carro pelo país. O líder do grupo de estudo bíblico da faculdade a aconselhou a ir com os pais - já que ela não tinha um bom relacionamento com eles, esta era uma grande oportunidade.

Ela se aproximou mais dos pais? "Na verdade não", disse ela, "eu sentei no banco de trás lendo minha Bíblia e memorizando versículos". Ela escolheu a espiritualidade em vez de honrar seus pais. Corbã de fato!

Da mesma forma, os crentes que estão tão ocupados com a igreja ou com estudos bíblicos que não conseguem se comunicar com seus pais são culpados da oferta de *corbã*.

---

8   Robertson's Word Pictures of the New Testament, acessado em https://www.studylight.org/ commentaries/rwp/mark-7.html.

É claro que colocar Cristo antes das pessoas (inclusive da família) é o que significa ser discípulo (Lucas 14:26). Mas em nosso texto de hoje, Jesus repreende aqueles que usam a espiritualidade como desculpa para negligenciar seus pais.

Amigo, qual é a sua estratégia para cuidar de seus pais quando eles não puderem mais se cuidar? Você empurra a vida com a barriga, esperando que emergências não ocorram ou que seus irmãos se responsabilizem por eles? E você está honrando seus pais agora, conversando sempre com eles? Servindo a eles?

Oração: Pai do céu, confesso que às vezes negligencio meus pais. Por favor, perdoe minha atitude ingrata e me dê uma estratégia financeira para ajudar meus pais em tempos de necessidade. E ajude-me a honrá-los, dando-lhes também o meu tempo. Chega de desculpas. Amém.

DIA 20 – DOAR: ESPONTANEAMENTE OU COM PLANEJAMENTO?

> *Quanto à coleta* para o povo de Deus, façam como ordenei às igrejas da Galácia. No primeiro dia da semana, cada um de vocês *separe uma quantia, de acordo com a sua renda, reservando-a* para que não seja preciso fazer coletas quando eu chegar.
>
> 1 Coríntios 16:1-2

EU ESTAVA OBSERVANDO pássaros em uma estrada empoeirada do Quênia com um jovem colega queniano. Ele gostava de apontar os pássaros de seu país, mesmo sem usar binóculos. Em pouco tempo já era hora de voltarmos para nossa reunião final e minha partida para casa. Num impulso espontâneo, entreguei a ele meus binóculos e disse: "Aqui, estes são seus!". Seus olhos se arregalaram! Ele abriu um enorme sorriso. Eu gostaria que você pudesse ter visto o deleite em seu rosto. E o meu! Doar espontaneamente é uma alegria.

Também de forma espontânea, o Bom Samaritano ajudou um viajante ferido à beira da estrada. Ele tratou de seus ferimentos e deu a um estalajadeiro dois denários, dizendo: "Cuide dele. Quando voltar lhe pagarei todas as despesas que você tiver" (Lucas 10:35).

Paulo, no entanto, introduz uma maneira adicional de dar — de acordo com um planejamento.

A coleta para os santos era um grande ministério para Paulo. Os *santos* pertenciam à Igreja matriz judaica em Jerusalém, onde o evangelho havia começado 20 anos antes. Após a ressurreição de Jesus, novos crentes em Jerusalém estavam "vendendo suas propriedades e bens" e compartilhando "a cada um conforme a sua necessidade" (Atos 2:45). Naqueles dias empolgantes, não havia "pessoas necessitadas entre eles" (Atos 4:34).

Mas só naqueles dias! Vinte anos depois, havia muitas "pessoas necessitadas entre eles". Enxergando uma oportunidade para diminuir as suspeitas dos judeus em relação ao gentios convertidos, Paulo convida os coríntios a apoiarem os crentes judeus em Jerusalém — mesmo eles sendo estrangeiros.

Mas havia um problema. Na forma grega de doar, benfeitores ricos construíam aquedutos ou prédios públicos — e tinham seus nomes inscritos neles. Além disso, os gregos tinham um costume chamado *eranoi*, onde os cidadãos davam a um fundo para ajudar os desafortunados — mas se tratava de um empréstimo, não de uma oferta.

De forma confiante, Paulo exorta os novos cristãos a superarem suas tradições culturais. Em vez de tirar dinheiro do bolso no Dia da Coleta para um presente espontâneo, os coríntios deveriam reservar uma quantia toda semana.

Reservar dinheiro semana após semana exigia que os coríntios pensassem em doar todos os dias. Usando um termo de negócios, a doação precisava ser "top of mind", o primeiro pensamento que vem à mente. Isso também resultaria em uma quantidade doada muito maior do que numa oferta única não planejada.

O que podemos aprender com as instruções de oferta de Paulo?

- **Doe com Liberdade**. A cultura e a herança familiar não são os árbitros finais em sua decisão de ofertar.

- **Doe Primeiro**. *Reservar e economizar* significa que o dinheiro destinado à doação não está disponível para outras despesas. Quando os crentes não retiram *em primeiro lugar* o valor da oferta de dentro do montante de seu fluxo de caixa semanal ou mensal, ela será gasta em qualquer necessidade "urgente". "Desculpe-me, Pastor. Desculpe-me, Missionário. O Senhor não proveu".

  E as emergências familiares? Siga o conselho de Paulo. *Reserve e economize* um valor para 'emergências familiares' em cada um dos pagamentos que receber. Se não for preciso usar esse valor num determinado mês, guarde para o outro.

- **Doe Proporcionalmente**. *De acordo com a sua renda* mostra que a doação é baseada na quantia que temos de renda ou no valor que recebemos de salário. Se você ganhar mais, doe mais. Paulo (o antigo fariseu dizimista) poderia ter ensinado os coríntios a dizimar, mas ele não o fez.

- **Doe com Planejamento**. A doação bíblica não é aleatória, ela é planejada. Infelizmente, muitos crentes não formularam um plano de doação além de apoiar sua igreja quando tem alguma sobra.

- **Doe Frequentemente**. A coleta era um evento de financiamento único, mas a disciplina de reservar uma quantia para doação todas as semanas promove uma generosidade consistente.

Então, a doação deve ser espontânea ou planejada? *Deve ser ambas*! Planeje suas finanças com sabedoria para que possa doar de forma consistente. E planeje com sabedoria para que possa também doar espontaneamente.

Oração: Senhor Jesus Cristo, doador de todas as coisas. Confesso que minha doação às vezes é um pensamento posterior — não é o que me vem à mente em primeiro lugar. Às vezes, nem consigo lembrar quais são os missionários que eu apoio. Para tornar a doação parte do meu discipulado, ajude-me a planejar minhas finanças para que eu possa doar de forma regular e espontânea. Amém.

DIA 21 – EMPRESTAR É PECADO?

O rico domina sobre o pobre; quem toma
emprestado é escravo de quem empresta.

Provérbios 22:7

EMBORA MUITOS CONSIDEREM o empréstimo pecado, a Bíblia não o proíbe. O versículo de hoje simplesmente diz que se você deve dinheiro a alguém, essa pessoa tem controle sobre você — você tem um chefe a mais.

Na Bíblia A Mensagem, lemos, "Não tome emprestado e se coloque sob o poder deles". De maneira semelhante, Romanos 13:8 diz: "Não devam nada a ninguém, a não ser o amor de uns pelos outros...".

Apesar desses avisos, o empréstimo raramente é visto como perigoso — mesmo entre os cristãos. Nos Estados Unidos, a média das dívidas em cartão de crédito é 15.482 dólares por família[9]. A taxa de juros anual varia de 12 a 18%. Serão necessários cerca de nove anos para que os tomadores de empréstimo quitem suas dívidas de cartão de crédito pagando o valor mínimo mensal — nove anos de escravidão! Infelizmente, ninguém acha isso muito alarmante.

Na África, os empréstimos não são realizados tanto através de cartões de crédito, mas sim com amigos e família — "só até eu receber meu pagamento". Eu estava ministrando um seminário de finanças na Zâmbia para jovens de vinte e poucos anos. Num determinado momento, perguntei: "Quantos de vocês emprestaram dinheiro a um amigo ou membro da família?". Todas as mãos se levantaram. Então eu lancei mais uma pergunta: "Quantos de vocês ainda

---

9   Matthew Frankel. "Nerdwallet's 2017 American Household Credit Card Debt Study." [Pesquisa Nerdwallet 2017 de Dívidas em Cartões de Crédito em Domicílios nos Estados Unidos] https://www.nerdwallet.com/blog/average-credit-card-debt-household/.

estão esperando ser pagos?" Todas as mãos se levantaram mais uma vez!

Na Ásia, um filipino foi questionado se tomar emprestado era algo mal visto em sua sociedade. Sua resposta foi irônica: "Nós filipinos pegamos emprestado mesmo quando não precisamos do dinheiro!".

Para os crentes, empréstimos representam uma armadilha sutil. Um missionário veterano certa vez revelou o que muitos cristãos praticam. Ele admitiu: "O empréstimo se torna *a provisão de Deus* quando a renda é muito baixa". Meses depois, ele estava ainda mais afundado em dívidas. A suposição ingênua de que "no próximo mês Deus vai suprir" é uma presunção perigosa a respeito do Rei do Universo.

Estar endividado aumenta a pressão sobre a família. Suponha que você pegue dinheiro emprestado para comprar um carro melhor — apenas porque você quer um carro melhor. Os pagamentos extras exaurem suas finanças, então você procura um segundo emprego, o que aumenta a pressão sobre a família. A frustração aumenta. As discussões são mais frequentes. No fim das forças, você só consegue pensar em fugir. Como o escritor de Salmos 55:6-7, você deseja *asas como as de uma pomba para voar para bem longe*!".

E se você não conseguir pagar a dívida? O Salmo 37:21 diz: "Os ímpios tomam emprestado e não devolvem, mas os justos dão com generosidade". Pode não ser pecado pegar emprestado, mas certamente é pecado não pagar. Você quer ser conhecido como "ímpio"?

Mas há mais. Emprestar causa tensão nos relacionamentos — como aconteceu com dois irmãos, "Zach" e "Carl".

Zach perdeu o emprego e se viu três meses atrasado nos pagamentos da hipoteca. Ele pediu um empréstimo ao irmão, Carl. Embora hesitante, Carl apertou o cinto em suas finanças e emprestou a Zach 3.000 dólares. Zach prometeu pagar tudo.

Os anos passaram, mas não houve pagamento. Carl lembrou Zach da dívida, mas isso foi constrangedor. Os irmãos pararam de se falar.

Finalmente, em uma reunião de família, Zach (com lágrimas) admitiu a Carl que estava falido. Na hora, Carl e sua esposa decidiram graciosamente cancelar o empréstimo de 3.000 — agora era um presente. Zach ficou muito grato, e Carl foi inundado por uma profunda sensação de paz.

Cinco semanas depois, Zach convidou Carl e seu filho para pescar — uma maneira agradável de refazer o relacionamento. No lago, Zach anunciou que tinha uma surpresa — um novo barco de pesca!

Carl disse mais tarde: "Zach encontrou dinheiro para comprar um barco de pesca, mas não conseguiu encontrar dinheiro para me pagar! Isso me deixou furioso!".

O ditado é verdadeiro: Antes de pedir dinheiro emprestado a um amigo, decida do que você necessita mais — do dinheiro ou do amigo. Mark Twain escreveu: "A amizade... pode durar uma vida, a menos que você tente pedir dinheiro emprestado".

Em resumo, a dívida: (1) lhe dá mais um senhor, (2) adiciona pressão financeira, e (3) estressa os relacionamentos. Evite-a!

Meu amigo...

- Por que coisa específica você está sendo tentado a pedir emprestado? Por que não economizar e pagar à vista por ela?

- Você deve dinheiro? Quão rápido você pode pagar? Em vez de seu lanche diário no Starbucks, reserve esse dinheiro para pagar a dívida— e mantenha um amigo.

- Alguém está pedindo para pegar dinheiro emprestado de você? Em vez de emprestar, você pode transformá-lo em um presente?

Oração: Pai de todos, confesso que sou tentado a pedir dinheiro emprestado para coisas das quais provavelmente posso viver sem. Por favor, me ajude a pagar minhas dívidas agora e a evitar a tentação de pedir emprestado novamente. Não quero ser escravo de ninguém, exceto de Você. Amém.

DIA 22 – NOVE PALAVRAS PARA ORARMOS DIARIAMENTE

Dá-nos hoje o nosso pão de cada dia.

Mateus 6:11

O Pai Nosso, James Tissot, entre 1886 e 1894. Domínio Público.

A ORAÇÃO DO PAI NOSSO contém seis pedidos. Estamos tão familiarizados com essa oração de Jesus que deixamos de notar o quarto pedido, que é surpreendentemente terreno. Aqui vai uma visão geral: Os três primeiros pedidos são sobre Deus e Seu Reino; a palavra-chave é **Seu/Sua**:

1. Santificado seja o *Seu* nome.

2. Venha o *Seu* reino.

3. Seja feita a *Sua* vontade.

Os três últimos pedidos são sobre nós; palavra-chave **nos**:

1. Dá-*nos* o nosso pão de cada dia.

2. Perdoa-*nos* as nossas dívidas.

3. Não nos deixes cair em tentação (incluindo livra-nos do mal).

Os pedidos 1 a 3 são teológicos. O quinto pedido é relacional e o sexto moral. Mas o quarto pedido diz respeito à vida física. Jesus, o Filho de Deus, o homem mais espiritual que já existiu, se preocupa com o pão físico.

No Monte da Tentação, dois capítulos antes do Pai Nosso, Jesus disse ao diabo, "Nem só de pão viverá o homem, mas de toda palavra que procede da boca de Deus" (Mateus 4:4). Ao longo da história, ascetas super espirituais viveram de forma frugal, passando todo tipo de privação para alcançar a santidade. Para eles o pão não era importante. Só que Jesus nunca disse "O homem não viverá de nenhum pão".

Jesus honra o aspecto físico de nossa existência. Nós fomos feitos "de modo especial e admirável" (Salmos 139:14) — e isso inclui a necessidade de pão.

Pão, como usado aqui, significa as necessidades da vida. Este pedido afirma a simples, mas profunda verdade teológica de que Jesus era totalmente humano, assim como nós também somos. Jesus nos ensinou a orar pelas nossas necessidades físicas. No entanto, oramos pelo *pão de cada dia*, não pelo *brioche de cada dia*, como expresso de forma humorística por Dale Bruner no livro *Matthew, a Commentary* [Mateus, um Comentário].

Jesus também não diz: "Dá-nos um suprimento de pão para 12 meses". É apenas para hoje. Quando oramos "este dia", reconhecemos nossa dependência do Senhor "este dia" e todos os demais dias.

Perceba também que a oração do Senhor é corporativa — *nosso* pão de cada dia, não meu pão de cada dia. Além de nós mesmos, devemos pedir o pão para aqueles sem pão. E devemos pedir para sabermos como podemos ajudá-los. Esse pedido de nove palavras nos compele a pensarmos sobre os outros.

Por último, essa oração é dirigida ao nosso Pai dos céus — nossa verdadeira fonte. Jesus nos faz olhar para o céu — para além do nosso salário. Não importa quão seguro seja seu emprego ou quão grande seja seu portfólio de investimentos, eles podem desaparecer no vento como as sementes de um dente-de-leão. Você não tem controle sobre um empregador volúvel ou sobre as instabilidades econômicas.

Um missionário estava conversando com um amigo em sua igreja numa manhã de domingo. O amigo perguntou ao missionário se ele levantava apoio pessoal ou se era financiado por sua agência missionária. O missionário disse que levantava apoio, e acrescentou piedosamente: "Eu confio em Deus para o meu sustento".

O amigo fez uma pausa, e então disse: "Eu tenho uma gráfica com três funcionários, e eu também confio em Deus para o meu sustento". Touché!

Com nove palavras, Jesus nos direciona para o Céu. Rico ou pobre, precisamos orar essas nove palavras todos os dias — pedindo especificamente por nossas necessidades físicas — alimento para hoje, um trabalho melhor, novos clientes, estudo para os filhos. Não devemos confiar em nossas habilidades, em nossos empregos, ou na economia do nosso país, mas sim pedir diariamente ao nosso fiel Pai pelo pão. Ele é a Fonte de todas as coisas.

Atrás do pão está a farinha branca como a neve;
E atrás da farinha, o moinho.
E atrás do moinho estão o trigo e a chuva
E o sol e a vontade do Pai.

- M.D. Babcock

Oração: Pai do céu, eu confesso que tenho falhado em olhar para Ti todos os dias como minha Fonte. Mas agora Te peço mais uma vez pelo pão de cada dia — pelas necessidades físicas que eu preciso para fazer Tua vontade hoje. E, por favor, me mostre o que eu posso fazer para ajudar os outros ao meu redor que estão sem pão. Amém.

DIA 23 – RECONQUISTANDO A ALEGRIA DE DOAR

> Cada um dê conforme *determinou em seu coração*, não *com pesar* ou *por obrigação*, pois Deus ama quem dá *com alegria*.
>
> 2 Coríntios 9:7

VOCÊ CONHECE ESTE VERSÍCULO — "Deus ama quem dá *com alegria*". No grego, *alegre* é *hilaros* — *hilário* em português. Mas a realidade é esta: embora a maioria dos crentes não doe *sem alegria alguma*, eles também não são doadores *alegres*. A doação que fazem dá a eles a mesma alegria que pagar uma multa de estacionamento.

E com a doação por meio eletrônico substituindo as caixas de ofertas e o preenchimento de cheques, os que doam têm se tornado emocionalmente distantes — eles não se lembram de quem ou do que apoiam. E se somente um dos cônjuges lida com as finanças é ainda pior. Não é que eles doam sem alegria — eles apenas ficam neutros.

Como podemos recuperar a alegria de doar? Insira as seguintes diretrizes da passagem de hoje em sua prática de doação.

1. *Conforme determinou em seu coração* implica em escolher de forma deliberada — a decisão é sua. *Em seu coração* revela que as decisões de doação não devem ser puramente acadêmicas. Quando Deus ordenou a Israel que construísse um tabernáculo no deserto, Ele disse: "Diga aos israelitas que me tragam uma oferta. Receba-a de todo aquele cujo coração o compelir a dar" (Êxodo 25:2).

   Recentemente, "senti" que deveria enviar 40 dólares a um amigo cuja esposa acabara de ser diagnosticada com câncer. Esses $40 estavam acima do nosso planejamento de doação — foi uma decisão do coração. "Vá almoçar fora", dizia o bilhete que entreguei junto com a oferta. Eles adoraram, e eu adorei fazer isso. Eu estava realmente alegre!

2. *Não com pesar*. O grego *ek lupe* significa "por tristeza" — com relutância. Doar com relutância é como dar uma festa de despedida cheia de lágrimas para o seu dinheiro quando você o tira da carteira. E como se estivesse dizendo pesarosamente: "Adeus, queridos amigos".

   Talvez Paulo tivesse em mente o mandamento de Deuteronômio 15:10, quando os judeus foram ordenados a dar aos pobres: "Dê-lhe [ao seu irmão pobre] generosamente, e sem relutância no coração".

3. [Não] *por obrigação*. Muitos crentes sentem que tem que doar certa porcentagem de sua renda, mas o fazem *por obrigação*.

   Da forma semelhante, um crente generoso se viu frustrado: "Eu recebo toneladas de pedidos — missionários precisando de apoio, o centro de auxílio a adolescentes grávidas que está construindo novas instalações, os pedidos de oferta domingo na igreja. É interminável". Como ele era generoso, recebia ainda mais pedidos e apelos, e não conseguia dizer não. Como resultado, apoiava muitas causas, mas com quantias pequenas. Ele se sentia *obrigado* a doar e estava ficando cada vez mais ressentido com isso.

Eu lhe disse, "Você não tem que doar para cada pedido. O 'Não' já é uma resposta completa".

Isso também serve de alerta para líderes de ministérios. Você está sutilmente coagindo as pessoas a doarem? Você fica dizendo coisas como: "Cristãos gastam mais em comida para cachorros do que em missões", ou "Vocês precisam devolver à igreja tudo o que a igreja fez por você", e assim por diante.

Um missionário pediu a um parceiro mantenedor que aumentasse o valor de sua oferta, dizendo, como que se desculpando: "Você provavelmente recebe muitos pedidos". O mantenedor respondeu: "Eu não tenho muito dinheiro, mas gosto muito que me peçam ajuda. Isso me mostra que coisas boas estão acontecendo para Deus. E eu me sinto livre para dizer sim ou não".

A alegria de doar é capturada de forma especial em uma clássica história sobre o autor britânico Thomas Carlyle (1795-1881). Quando Carlyle era um menino, um mendigo bateu a sua porta enquanto seus pais estavam fora:

"Em um impulso infantil [Carlyle] quebrou seu próprio cofrinho e deu ao mendigo tudo que tinha nele, e ele nos conta que nunca antes ou depois conheceu tanta felicidade como a que sentiu naquele momento"[10].

E quanto a você? Como descreveria sua prática de doação?

- Sem alegria e com ressentimento;

- Você se sente obrigado a doar para cada necessidade — não sabe bem o porquê;

- Neutro, distante;

- Negligente, não pensa muito nisso;

- Culpado;

- Alegre.

Teologicamente falando, Deus ama os doadores ressentidos e neutros também, mas você não gostaria de recuperar a alegria de doar assim como o jovem Thomas Carlyle? Desacelere e pergunte ao seu coração: Para que eu

10   William Barclay, The Daily Bible Study Series, The Letters to the Corinthians [Série de Estudos Bíblicos Diários, As Cartas aos Coríntios] (Filadélfia: Westminster Press, 1954), 262.

desejo doar? Para quem eu desejo doar? O que eu posso fazer para ter alegria em ofertar?

Oração: Pai do céu, não acho que sou uma pessoa que não tem alegria em doar — apenas sou neutro ou negligente. Doar não é algo que eu penso com frequência. Ajude-me a ser mais atento às ofertas. Eu escolho agora doar com alegria. Amém.

DIA 24 – O IMPORTANTE PAPEL DO DINHEIRO NO SEU CRESCIMENTO ESPIRITUAL

Assim, se vocês não forem dignos de confiança em lidar com as riquezas deste mundo ímpio, quem lhes confiará as verdadeiras riquezas?

Lucas 16:11

A PASSAGEM DE HOJE traz um ensinamento surpreendente sobre como lidar com *as riquezas deste mundo ímpio* — inclusive o dinheiro. Aqui estão dois pontos de vista historicamente opostos a respeito das coisas materiais.

O Asceta Simeão Estilita, artista desconhecido, Domínio Público.

No primeiro século, a seita gnóstica declarou que, uma vez que Deus é santo, toda matéria é maligna. Apenas o espiritual é importante. Semelhantemente, alguns dos primeiros pais da Igreja viveram como eremitas no deserto na tentativa de se aproximar de Deus. O sírio Simeão Estilita (390?-459) viveu por 30 anos em cima de pilares bem altos, pregando lá de cima às multidões[11].

Em contraste, no início do século 20, alguns grupos cristãos começaram a ensinar que você deveria orar por riqueza, pois isso evidenciaria a mão de Deus sobre você. "Deus quer que você seja saudável e rico", eles diziam à época, e ainda dizem hoje.

A maioria de nós vive em algum lugar entre Simeão Estilita e os pregadores de riquezas. Existe algum meio-termo? Não. Ao invés de rejeitar ou de buscar riquezas deste mundo, necessitamos de uma mentalidade diferente, como demonstrado pela passagem de hoje.

Primeiro, o que exatamente são as *verdadeiras riquezas*? Jesus não explica, mas em nossa passagem hoje Ele contrasta as *verdadeiras riquezas* com as *riquezas deste mundo ímpio*. *As verdadeiras riquezas* certamente incluem coisas não materiais, como a verdade bíblica, as almas eternas de homens e mulheres, e "as insondáveis riquezas de Cristo" (Efésios 3:8).

Em segundo lugar, uma surpresa. Recebemos as *verdadeiras riquezas* com base em como usamos as riquezas não verdadeiras — *as riquezas deste mundo ímpio*. Em vez de evitar as riquezas ou de busca-las desesperadamente, devemos *administrar* fielmente as riquezas, as que *podemos ver* — as que são físicas. Então, receberemos as coisas que *não podemos ver, as verdadeiras riquezas*.

No entanto, muitos crentes têm uma relação semi-gnóstica com as coisas materiais. Ainda novo convertido a Cristo, fiquei profundamente impressionado com nosso líder de estudo bíblico, que nos alertou contra o materialismo. Ele disse: "Coisas materiais? Vão todas queimar".

---

11   Will Durant, A Era da Fé (Nova Iorque: Simon and Schuster, 1950), 60.

Ele estava certo. De acordo com as profecias de Apocalipse, as coisas materiais (junto com a terra) *um dia* vão queimar. Mas *neste dia, no dia de hoje*, a maneira como lidamos com *as riquezas do mundo* é o nosso passaporte para recebermos algo mais valioso — *as verdadeiras riquezas*. As coisas materiais são o teste definitivo. Se administrarmos fielmente as coisas materiais, receberemos *as verdadeiras riquezas*.

A questão é a mordomia. Não somos proprietários, mas zeladores do que Deus coloca em nossas mãos. Dizemos levianamente: "*Meu* computador, *minha* casa, *meu* corpo", mas eles não são verdadeiramente *meus*. Ageu 2:8 diz: "Tanto a prata quanto o ouro me pertencem, declara o Senhor dos Exércitos".

É por isso que oramos sobre decisões financeiras: "Senhor, você quer que eu atualize o seu computador? Devo colocar um novo telhado em sua casa?".

Como saber se estamos gerenciando fielmente as coisas materiais? Dois parâmetros se destacam em duas parábolas que Jesus contou antes e depois do texto de hoje.

Precedendo nossa passagem de hoje está a parábola do "mordomo injusto", que enganou seu senhor (16:1-9). O senhor o demitiu por desonestidade.

Após a nossa passagem temos a história do homem rico que vivia "em esplendor todos os dias" (16:19–31), mas que ignorou o pobre Lázaro que mendigava à sua porta, "coberto de chagas". Ambos os homens morreram. O homem rico acabou no Hades, enquanto Lázaro foi para o seio de Abraão. Se a riqueza fosse um sinal da bênção de Deus, por que o homem rico foi para o Hades?

Essas duas histórias dão destaque a má mordomia. O administrador de propriedades enganou seu empregador. O homem rico ignorou o sofrimento humano. Nenhum deles geriu *as riquezas deste mundo ímpio* de acordo com os valores de Deus — honestidade absoluta e compaixão generosa. E nenhum deles recebeu *as verdadeiras riquezas*.

Meu amigo, você quer *as verdadeiras riquezas*? Você deseja ter um ministério espiritual voltado para sua família e amigos? Quer crescer em intimidade com Deus? Quer compreender a Bíblia? Comece ainda hoje a administrar *fielmente* os recursos materiais que Deus colocou em suas mãos. E faça isso com honestidade absoluta e compaixão generosa.

Se você lidar bem com aquilo que *pode ver*, Deus lhe confiará algo que você *não pode ver* — as *verdadeiras riquezas*.

Oração: Querido Mestre, às vezes me esqueço de que o que Você colocou em minhas mãos é realmente Seu. Ajude-me a não amar o dinheiro nem a desprezá-lo. Que eu possa gerenciar fielmente as *riquezas deste mundo* que Você me confiou — que eu seja honesto e generoso. Da maneira que lhe aprouver, que eu receba *as verdadeiras riquezas*. Amém.

DIA 25 – POR QUE JESUS INSTRUIU SEUS DISCÍPULOS A VIAJAR SEM DINHEIRO?

"Não *levem nem ouro*, nem prata, nem cobre em seus cintos; não levem nenhum saco de viagem, nem túnica extra, nem sandálias, nem bordão; pois *o trabalhador é digno do seu sustento*. Na cidade ou povoado em que entrarem, procurem alguém digno de recebê-los, e fiquem em sua casa até partirem".

Mateus 10:9-11

COMO COLOCAMOS essa passagem intrigante em prática? Sem preparativo algum? É isso mesmo?

Jesus estava instruindo os Doze sobre uma viagem missionária de curto prazo. Eles não deveriam ir à Samaria (mapa) nem aos gentios (Mateus 10:5-6), mas apenas às "ovelhas perdidas da casa de Israel". Que provisões deveriam levar—nenhuma! Era para irem como estavam!

Quando São Francisco de Assis (1181–1226) ouviu isso, largou seus sapatos e passou a andar descalço.

Mas, quando nossas igrejas enviam missionários de curto prazo, todas as acomodações já estão pré-arranjadas. Todos usam sapatos e levam dinheiro extra, roupas extras, dois enormes pacotes de doces, e o travesseiro favorito. Algum contexto para a passagem de hoje pode ser muito útil.

- Não levar dinheiro não era incomum, já que, por costume, os judeus eram obrigados a hospedar rabinos viajantes.

- *O ouro* como recompensa pelo ministério poderia marcar os Doze como charlatães gananciosos.

- Por que não levar uma bolsa? Os judeus geralmente carregavam bolsas para suprimentos, mas a palavra grega *peran* também significa "bolsa de mendigo". Jesus não queria que Seus trabalhadores adotassem uma mentalidade mendicante.

- Túnicas e sandálias extras? A túnica exterior poderia ser usada como cobertura para dormir ao relento durante a noite. Mas Jesus pretendia que Seus trabalhadores passassem suas noites com anfitriões dignos — não lá fora sob o sereno. Não ter sandália extra indicava uma viagem curta. Era pra irem como estavam naquele momento.

- Por que nenhum bastão? Um bastão denotava autoridade — como a vara de Moisés. Além disso, alguns bastões continham um compartimento secreto para moedas.

- · Jesus estabeleceu um precedente para missões no versículo 11: *O trabalhador [ou trabalhadora] é digno do seu sustento.* Vinte anos depois, o Apóstolo Paulo citou este princípio em 1 Coríntios 9:14 e 1 Timóteo 5:18, "O trabalhador merece o seu salário."

Mas tem mais. Durante Sua última noite com os Doze (imediatamente após a Última Ceia), Jesus relembra quando os enviou sem provisões. "Faltou-lhes alguma coisa?", Ele perguntou. "Nada", eles responderam. "Mas agora", Ele diz, "se vocês têm bolsa, levem-na, e também o saco de viagem" (Lucas 22:35–38).

Em Mateus 10 eles não precisavam se preparar, mas agora eles devem se preparar. Qual é a diferença? Duração do tempo e tipo de público.

Em Mateus 10, os discípulos estavam em uma missão de curto prazo direcionada apenas aos judeus — não de forma transcultural para samaritanos e gentios. Agora, com a ressurreição se aproximando e a Grande Comissão prestes a ser dada, Jesus os enviará para o mundo —

transculturalmente — pelo resto de suas vidas. Agora eles precisam se preparar. Públicos diferentes e cronogramas diferentes requerem estratégias diferentes.

Estas instruções nos dão um vislumbre do pensamento de Jesus a respeito de missões. Como parceiros de ofertas devemos entender que:

1. Jesus nos coloca em situações onde temos que depender Dele. Não importa se nos sentimos impotentes e desconfortáveis. O conforto não é a principal preocupação de Jesus.

2. Pomposidades e adereços de autoridade (como um cajado) não são o estilo de Jesus. Precisamos denunciar a extravagância missionária e a autoridade pretensiosa sempre que as virmos, para que assim o evangelho não seja prejudicado.

3. Jesus quer que Seus trabalhadores atraiam para perto de si parceiros doadores, mas eles não podem mendigar, não devem ter a atitude de um pedinte. Os trabalhadores de Jesus são "dignos de apoio".

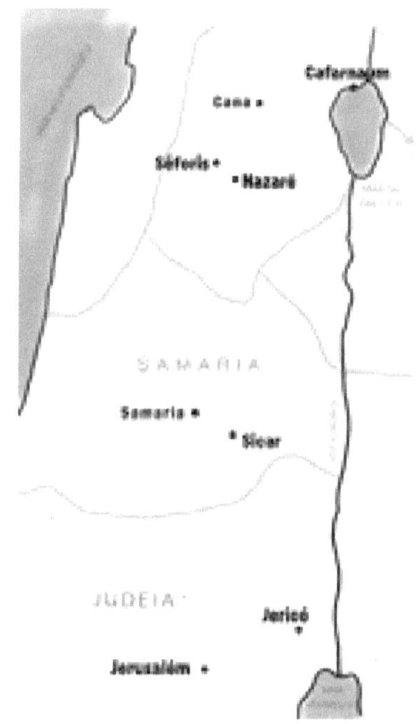

Quando você apoiar missionários de longo prazo e transculturais, certifique-se de que eles estão totalmente providos em finanças, oração e logística. E quando chegar a sua vez de falar do evangelho para um colega ou vizinho, lembre-se, Deus pode usar você do jeito que você é — mesmo se você se sentir desconfortável ou mal preparado. Você não precisa ter de um cajado com aparência de autoridade!

> **Oração**: Senhor Jesus, tenho minhas próprias opiniões sobre como o ministério deve ser financiado, mas agora quero me render às Suas diretrizes. Em meu ministério pessoal, confesso que gosto de estar confortável. Ajude-me a ir aos meus amigos sem pompa nem aparência de autoridade — apenas como eu sou, e sempre confiando em Você. Amém.

DIA 26 – POR QUE JESUS NÃO DISSE A TODOS PARA ABANDONAREM SUAS RIQUEZAS?

> Jesus respondeu: "Se você quer ser perfeito, vá, *venda os seus bens* e dê o dinheiro aos pobres, e você terá um tesouro no céu. Depois, *venha e siga-me*". Ouvindo isso, *o jovem* afastou-se *triste*, porque *tinha muitas riquezas.*
>
> Mateus 19:21-22
>
> (ao jovem rico)

JESUS DISSE A ESSE *jovem* que vendesse seus bens e desse aos pobres, mas Ele não pediu isso a outras pessoas.

Por exemplo, ao chamar Mateus, o coletor de impostos, Jesus ignorou sua riqueza. Os pescadores Pedro e André foram chamados para se tornarem "pescadores de homens" sem nenhuma sugestão de que descartassem seus ativos. De fato, Pedro ainda tinha um barco de pesca depois da ressurreição (João 21:4). E embora o rico Zaqueu se oferecesse para dar metade de seus bens, não há registro de que Jesus sugeriu isso a ele.

Então, por que foi dito ao homem do nosso texto de hoje que desse tudo o que tinha? O que nós sabemos sobre ele?

Em Mateus, aprendemos que ele era jovem, em Lucas que era um governante e "extremamente rico", e em Marcos que Jesus "sentiu amor por ele" - o agora famoso "jovem rico".

Ele parecia estar buscando a Deus, pois pergunta a Jesus no versículo 16: "Que farei de bom para ter a vida eterna?". *Fazer*! Não o que ele deveria saber ou em que deveria acreditar, mas o que deveria *fazer*. Talvez uma boa oferta para o ministério de Jesus garantisse a vida eterna? Isso ele podia *fazer*.

Indo ao cerne da questão, Jesus disse: "Obedeça aos mandamentos", e então listou cinco dos Dez Mandamentos que tratam de relacionamentos - assassinato, adultério, roubo, mentira, e honrar os pais. Jesus pensava que o jovem tinha problemas de relacionamento? Talvez ele tenha se aproveitado dos pobres para ganhar sua riqueza?

Mas o jovem rico respondeu com ousadia no versículo 20: "A tudo isso tenho obedecido". E perguntou: "O que me falta ainda?". Apesar de obedecer à lei, ele honestamente admitiu que não possuía a segurança da vida eterna.

Então Jesus saltou da teologia para a economia: *venda os seus bens e dê o dinheiro aos pobres*. Tendo sido surpreendido por esse ataque direto, podemos até imaginar o jovem chocado dando um passo para trás, estreitando os olhos e arqueando as sobrancelhas. Silêncio total. Os discípulos e espectadores estavam atônitos. Não eram as pessoas ricas as mais abençoadas por Deus?

Mas Jesus não se deteve no ponto negativo. Ele substituiu a potencial perda de riqueza do homem pelo ganho de Sua Presença, dizendo: "Depois, *venha e siga-me*". Talvez o jovem tenha ponderado o convite de Jesus por um momento, mas, ao final, ele *se foi entristecido*. Ele escolheu a riqueza em vez da companhia de Cristo (e da certeza da salvação).

Então, por que Jesus o instruiu a dar tudo? Temos uma pista: ele *afastou-se triste, porque tinha muitas riquezas*. Sua propriedade era seu ídolo - o número 1 em sua vida. Era mais importante para ele do que a certeza da vida eterna.

Lucas 14:33 diz: "Da mesma forma, qualquer de vocês que não renunciar a tudo o que possui não pode ser meu discípulo". Cristo primeiro! Para todos.

Colocar Cristo em primeiro lugar é simples, mas não é fácil. Um missionário no Brasil disse: "Render-se a Cristo é como estar em um esconderijo, se ver cercado pelo amor de Deus, e então sair com as mãos para cima". Ao longo dos meus anos de mentoria e discipulado no mercado financeiro, descobri que aqueles que lutam com a certeza da salvação carregam um ídolo secreto - algo além de Cristo ocupa o primeiro lugar. Muitas vezes é o dinheiro. Também podem ser outros ídolos como carreira, família, reputação, pornografia ou jogos de azar. Ou até mesmo medo de mudanças.

Mas não precisamos nos concentrar naquilo de que devemos abrir mão. Depois que nos rendemos, Jesus nos convida a segui-Lo e a desfrutar de Sua companhia - na eternidade com 100% de certeza. *Que nenhum de nós se afaste entristecido.*

Oração: Pai do céu, quero ter 100% de certeza do céu, mas confesso que possuo um ídolo secreto. Por favor, ajude-me dia após dia a entregar o que se coloca entre Você e eu - especialmente dinheiro, propriedades e coisas materiais. Obrigado por me amar como Você amou o jovem rico. Eu não quero me afastar *entristecido*. Amém.

DIA 27 – DOAR: GRATIFICAÇÃO INSTANTÂNEA OU GRATIFICAÇÃO NO FUTURO?

> Portanto, *quando você der* esmola, não anuncie isso com trombetas, como fazem os hipócritas nas sinagogas e nas ruas, *a fim de serem honrados pelos outros*. Eu lhes garanto que eles *já receberam sua plena recompensa*. Mas quando você der esmola, que a sua mão esquerda não saiba o que está fazendo a direita, de forma que você preste a sua ajuda em segredo. E seu Pai, *que vê o que é feito em segredo, o recompensará*".
>
> Mateus 6:2-4

É FÁCIL criticar os hipócritas da época de Jesus por exibir suas doações nas sinagogas e nas ruas.

Para que não sejamos muito severos com os hipócritas (ou com nós mesmos), note que Jesus não criticou o desejo deles por reconhecimento. Sendo feitos à imagem de Deus, não somos substâncias inertes capazes de viver sem reconhecimento.

Mas o nosso desejo legítimo por reconhecimento foi sequestrado pela nossa natureza pecaminosa — queremos ser notados, vistos, não apenas por Deus, mas também pelas pessoas — especialmente por certas pessoas. O desejo de ser notado pode se tornar um vício que controla cada ação e pensamento — o tanto que desejamos um sorriso de aprovação.

O reconhecimento não é importante para você? Então, como você se sente quando um colega é aplaudido por um trabalho que você fez nos bastidores?

Dado que precisamos de algum tipo de reconhecimento, o que Jesus ensina para *quando você doar*?

1. Doar para impressionar os outros traz uma *recompensa*, mas ela é efêmera. Jesus não disse que aqueles que tocam trombeta ao doar não recebem nenhuma recompensa. Ele disse: "*Eles já receberam sua plena recompensa*". A recompensa deles são alguns segundos fugazes de adulação dos outros — uma sensação momentânea de bem-estar. Desfrute desse sorriso do seu pastor, porque essa é a sua plena recompensa. E acabou.

2. Doar secretamente ao Senhor traz uma *recompensa* — mas é indefinida.

   "Seu Pai, que *vê* o que é feito em segredo, o *recompensará*". Mesmo se ninguém mais notar, sua doação em segredo é vista por seu Pai. E Ele *irá recompensá-lo*.

   A palavra grega para recompensa é *misthos* — pagamento pelo serviço, salário. *Misthos* também é usado em Hebreus 11:6: "Deus *recompensa* aqueles que o buscam". Deus não é um déspota atormentado que está ocupado demais para notar seu serviço. Ele vê e Ele recompensa. Pode contar com isso. Mas Ele não diz qual é a recompensa.

Ficamos entre duas opções: uma recompensa imediata e efêmera da parte das pessoas ou uma recompensa indefinida da parte de Deus. Por mais fácil que essa escolha pareça, o desejo de agradar as pessoas ainda nos assombra.

O Apóstolo Paulo foi tentado pelo desejo de impressionar os outros. Ele perguntou sem rodeios: "Pois, será que eu procuro agora o favor dos homens ou o favor de Deus? Será que procuro agradar a homens? Se estivesse ainda agradando a homens, eu não seria servo de Cristo" (Gálatas 1:10 – Almeida21). O uso dos termos *"Agora"* e *"ainda"* implica que ele havia lutado anteriormente para agradar as pessoas.

Para combater a tentação de agradar aos outros, identifique aquelas pessoas que você está tentando impressionar — não são 2.500, não é? São apenas duas ou três — um pai desaprovador, um chefe cético, um amigo da escola que agora é rico. Identifique-os. Por que você anseia pela aprovação deles?

Vamos parar de tocar nossas pequenas trombetas. O anseio por reconhecimento das pessoas revela para quem estamos olhando. Mostra o quão pouco buscamos o Pai. Convide-o sozinho para ser Aquele que te recompensa. *Seu Pai, que vê o que é feito em segredo, o recompensará.*

> **Oração**: Pai do céu, eu confesso que às vezes desejo tocar uma trombeta para mostrar a certas pessoas o quão bom eu sou. Mas Tu vês a minha doação e o meu serviço para Ti nos bastidores. Não preciso de outra recompensa além de saber que Você sabe o que é feito. Amém.

DIA 28 – QUANTO OS TRABALHADORES CRISTÃOS DEVERIAM RECEBER?

Os presbíteros que *lideram bem* a igreja são dignos de *dupla honra*, especialmente aqueles cujo trabalho é a pregação e o ensino, pois a *Escritura diz*: "Não amordace o boi enquanto está debulhando o cereal", e "o trabalhador merece seu salário".

1 Timóteo 5:17–18

PERGUNTA: QUAL PORCENTAGEM dos pastores americanos precisa complementar a renda com um emprego de meio período?

- 10%
- 25%
- 80%

A resposta é 80%, e o índice é ainda maior nas igrejas afro-americanas[12]. Da forma semelhante, na África e na Ásia a maioria dos pastores não consegue sobreviver sem um segundo emprego. Existe um ditado que diz "pobre como um rato de igreja". Mas onde está escrito que os líderes cristãos devem ser mal remunerados? O conselho de uma igreja decidiu deliberadamente pagar ao seu pastor um pouco menos do que ganhava o membro do conselho com o menor salário dentre todos.

---

12   https://baptistcourier.com/2016/11/bivocational-ministry-new- nor-mal/

Existem exceções. Algumas igrejas pagam aos seus pastores valores extravagantes, pois acreditam que isso é um indicativo da bênção de Deus.

A Bíblia não apresenta detalhes sobre o pagamento dos trabalhadores do Evangelho, mas nove palavras da nossa passagem de hoje revelam uma orientação totalmente contra cultural. Apertem os cintos.

1. *Liderar bem, trabalhar duro*: Um aluno da primeira série do fundamental foi perguntado sobre o que ele gostaria de ser quando crescesse. Ele respondeu: "Eu quero ser um pregador na igreja. Eu só teria que trabalhar uma hora por semana".

   A igreja em Éfeso havia crescido a ponto de precisar de presbíteros que liderassem e que pregassem — eles certamente trabalhavam mais de uma hora por semana. Paulo não diz que todos os presbíteros devem receber dupla honra — apenas aqueles que *lideram bem* ou que *trabalham duro* na pregação e no ensino.

   Isto é um alerta para os pastores e missionários. Ser chamado para o ministério não lhe dá permissão para ser preguiçoso. Você está *liderando bem*? Você *trabalha duro*? Aqueles que te sustentam trabalham duro!

2. *Dupla honra.* A palavra grega é *timao*, um termo financeiro que significa "preço ou valor". *Timao* não significa "honra retórica. Presentear os seus líderes com placas comemorativas em jantares não compensa o fato de pagá-los mal.

   O significado exato de *dupla honra* é um mistério. Pode estar se referindo a pagar o dobro do valor que as viúvas da igreja de Éfeso recebiam pelo trabalho informal que desempenhavam no ministério da Igreja (1 Timóteo 5:3–16). Embora indeterminado, a implicação é clara: Seja generoso com aqueles que trabalham duro no ministério.

3. *A Escritura diz.*

Não é apenas uma opinião de Paulo que os pastores devem ser bem remunerados. Ele cita Moisés e Jesus para ratificar sua exortação - e ele chama as palavras deles de *Escritura*. Observe que Paulo equipara as palavras de Jesus às *Escrituras* do Antigo Testamento.

Deuteronômio 25:4 ordenou aos judeus que não amordaçassem seus bois enquanto estes andavam em círculos debulhando os grãos (separando o grão das hastes). Deixe-os abaixar a cabeça para mastigar um pouco dos grãos. Sempre citamos esse versículo em nossa cozinha para justificar a degustação antes do jantar.

E então Paulo cita a fala de Jesus em Lucas 10:7 - "O trabalhador merece o seu salário". Quando os Doze e os Setenta foram enviados por Jesus para ministrar nas cidades de Israel, eles deveriam procurar hospedeiros para sustentá-los. Embora inexperientes no ministério, os discípulos *eram mercedores de seus salários.*

Se você é um ministro do Evangelho que trabalha duro, esta passagem te aprova - seja lá o que signifique *dupla honra*, você é digno disso! Infelizmente, alguns missionários tem medo de apresentar um levantamento completo dos valores necessários para o trabalho. E alguns pastores hesitam em pedir um aumento, mesmo ele sendo bastante necessário.

Se você está no ministério como uma carreira, como seu trabalho seria melhor se você recebesse um salário adequado? Como sua vida familiar seria melhor se você tivesse um pagamento adequado? Seu salário não diz respeito somente a você – ele diz respeito ao avanço do evangelho.

Meu amigo, se você apoia missionários, seja generoso. Se você serve em um comitê de missões, esta passagem te exorta a pagar aos mensageiros de Deus com generosidade. E isso inclui o seu pastor!

Oração: Pai de todos, a cultura religiosa é reticente em tratar de ministério e dinheiro. Ajude-me a trazer luz sobre a necessidade de um sustento generoso para os Seus trabalhadores. E ajude-me a ser generoso com os trabalhadores do evangelho que você colocou ao meu redor. Amém.

DIA 29 – SEU OBJETIVO É SER BEM-SUCEDIDO?

> Quem é *fiel no pouco* também é *fiel* no muito, e quem é desonesto no pouco também é desonesto no muito.
>
> Lucas 16:10

HÁ ALGUNS ANOS, ao buscar nossas roupas na lavanderia, percebi um pequeno saco plástico preso a uma das minhas calças. Nele havia uma moeda - 25 centavos. "A lavanderia encontrou isso no bolso de uma calça", imaginei.

Eu voltei à loja duas semanas depois e levei a moeda de 25 centavos comigo - ainda no saco plástico. Mostrei ao jovem e batalhador dono da loja e disse: "Não precisava devolver esta moeda, eu não ia sentir falta de 25 centavos. Mas você se deu ao trabalho de colocá-la em um saco plástico e devolvê-la - por quê?".

O dono ficou meio sem graça e disse: "Eu tinha que devolver. Ela não era minha".

Incrível - aqui na Lavanderia da Rua Academy havia um exemplo vivo do que significa *ser fiel no pouco*, no *bem pouco* – que é o tema da nossa passagem de hoje.

Na cultura grega ou na cultura romana do tempo de Jesus, minha moeda de 25 centavos não teria sido devolvida. Adrian Vrettos, do blog www.athensguide.com, disse: "Ser pego com a mão na massa era tão comum que os historiadores gregos antigos expressavam espanto pelos um ou dois casos em que os homens... haviam sido realmente honestos em suas ações".

A desonestidade era tão generalizada que o filósofo grego Diógenes andava pelas ruas com uma lanterna apontada para os rostos das pessoas à procura de um homem honesto. Em Roma, candidatos de prestígio ao senado ofereciam dinheiro abertamente em troca de votos. Poucos consideravam isso errado.

Em contraste com esse contexto, Jesus ensina a fidelidade absoluta, mesmo nas pequenas coisas. *Fiel* é o termo grego *pistos* - confiável, alguém com quem se pode contar. Ele é usado 56 vezes no Novo Testamento – é uma palavra importante da fé cristã. E aparece nas passagens abaixo.

Em uma das parábolas de Jesus, um proprietário confiou cinco talentos ao seu servo. Depois que o servo ganhou mais cinco talentos, o mestre disse: "Muito bem, servo bom e *fiel*. Você foi *fiel* no pouco, eu o porei sobre o muito. Venha e participe da alegria do seu senhor" (Mateus 25:23). Por causa da fidelidade do servo *nas coisas pequenas*, ele recebeu mais responsabilidades e foi recebido em um relacionamento festivo com seu mestre.

O apóstolo Paulo concorda: "O que se requer dos encarregados [administradores] é que sejam fiéis" (1 Coríntios 4:2). Não é algo opcional.

1 Tessalonicenses 5:24 diz: "Aquele que os chama é fiel e fará isso". Deus é nosso modelo de confiabilidade. Ele não é caprichoso ou volúvel como os deuses mitológicos criados pelo homem. Porque Ele demonstra fidelidade, confiabilidade e honestidade, podemos confiar Nele.

Como cristãos, somos diferentes dos antigos gregos e romanos? Somos diferentes da cultura secular dos dias de hoje? Diógenes encontraria uma pessoa honesta em seu local de trabalho? E em sua igreja? Hoje, é comum:

- Mentir um pouco no imposto de renda e falsear um pouco na pontuação do golfe;

- Levar objetos do trabalho para a casa - canetas, selos, utensílios de cozinha;

- Esquecer-se de reembolsar a empresa quando se imprime algo para uso pessoal no escritório;

- Guardar o troco a mais recebido por engano de uma atendente apressada da mercearia.

Meu amigo, sejamos diferentes! Vamos estabelecer padrões mais altos. Como seremos confiáveis nas grandes coisas se temos por hábito não sermos confiáveis nas pequenas coisas?

Nossa passagem de hoje não diz: "Aquele que tem sucesso no pouco, nas coisas pequenas...". Você não é chamado para ser bem-sucedido; você é chamado para ser fiel. Mesmo se trabalhar duro, nem sempre você alcançará o sucesso, mas sempre poderá ser fiel - confiável – alguém com quem se pode contar.

No final das nossas vidas, quando o Senhor nos receber na eternidade, Ele não perguntará: "Você foi bem-sucedido?" Em vez disso Ele dirá: "Muito bem, servo bom e fiel".

Oração: Pai do céu, Você espera de nós um padrão alto, mas não exige o impossível, como 100% de sucesso. Mas eu amo o sucesso! Ajude-me a ser fiel a Você e ao Seu povo em tudo o que faço - tanto nas pequenas quanto nas grandes coisas. Amém.

DIA 30 – DOAR É UM COMPLEMENTO OPCIONAL PRA VOCÊ?

> Todavia, assim como vocês se destacam em tudo: na fé, na palavra, no conhecimento, na dedicação completa e no amor que vocês têm por nós, destaquem-se também *neste privilégio de contribuir.*
>
> 2 Coríntios 8:7

OS CORÍNTIOS *se destacavam* em cinco importantes aspectos da vida cristã – na confiança em Deus, no compartilhar de sua fé (a palavra), nas percepções espirituais, em levar a fé a sério (dedicação) e no amor aos outros. Agora, Paulo os exorta a se destacarem em mais uma coisa, o privilégio de contribuir - a Coleta para Jerusalém. Doar!

Paulo poderia ter exortado os coríntios apenas a doar, mas escolheu o termo *destaquem-se*. Em grego, *perisseuo* - "transbordar, além da medida, excesso, excelência". Perisseuo foi a palavra usada para descrever os muitos pães e peixes que restaram depois que Jesus alimentou a multidão (Marcos 8:8).

Exortar os coríntios a transbordar em doações era arriscado, já que a jovem igreja daquela cidade estava sofrendo com as dores do crescimento. Uma rápida olhada em 1 Coríntios revela:

- Um espírito de rivalidade e ciúmes entre os que afirmavam ser leais a Apolo, a Pedro ou a Paulo;

- Imoralidade sexual;

- Irmãos levando uns aos outros aos tribunais de justiça seculares;

- Confusão acerca do casamento;

- Polêmica sobre carne oferecida a ídolos.

E tem mais. Um ano antes, esses mesmo coríntios cheios de zelo haviam concordado em doar para a Coleta de Jerusalém (2 Coríntios 8:10). Mas eles não tinham cumprido a promessa. A ousada lembrança de Paulo seria bem recebida?

Dadas as dificuldades em Corinto, eu e você poderíamos ter evitado trazer à tona a necessidade de seguir em frente com as doações, mas não Paulo! *Destaquem-se* neste quesito, ele disse.

Paulo quer que os coríntios entendam que doar generosamente é essencial, uma atitude "básica" da vida cristã, não um complemento opcional. Sem a via vital da generosidade, os coríntios corriam o risco de se tornarem autocentrados - como um riacho cheio de vida se tornando um pântano morto.

Os coríntios precisavam de uma via de escoamento, e nós também precisamos.

Hoje, no entanto, a generosidade é frequentemente um complemento, algo opcional - até mesmo para cristãos comprometidos. Por que a generosidade é tão negligenciada?

- Eu nunca tenho "dinheiro sobrando".

- Eu dou meu tempo - isso já não é o bastante?

- Eu dou o dízimo - isso não é suficiente?

- A doação eletrônica é estéril, eu nem mesmo percebo que estou doando.

- Eu darei mais quando conseguir vencer as dificuldades que estou enfrentando no momento.

- Estou sempre ocupado e só me lembro de doar quando alguém me pede.

Outro problema é que muitos cristãos tratam a doação como se fosse o pagamento de um boleto. Eles não veem a doação como uma ação vertical. Eles não veem a doação como uma honra.

No livro *Letters to Scattered Pilgrims* [Cartas a Peregrinos Espalhados pelo Mundo], a autora Elizabeth O'Connor descreve a honra de doar.

Os diáconos de uma pequena congregação no estado de Virgínia contaram ao seu pastor que uma viúva com seis filhos estava doando 4 dólares por mês para a igreja. Como a viúva estava em dificuldade econômica, os diáconos aconselharam o pastor a procura-la para dizer que ela estava dispensada do peso de doar.

Nas palavras do pastor: "Quando eu expliquei [a preocupação dos diáconos], lágrimas vieram aos olhos [da viúva]. 'Quero dizer a você', disse ela, 'que você está tirando de mim a última coisa que dá dignidade e significado à minha vida'".

Uma visão horizontal de doação (como a dos diáconos acima) deixa Deus de fora. A doação é em primeiro lugar vertical - entre você e Deus. Transbordar em doação não é uma ação meramente definida pelo valor que você doa. Transbordar em doação inclui enxerga-la como uma honra - como fez a viúva de Virgínia. E isso traz dignidade.

Meu amigo,

- Você está *transbordando* no doar? A generosidade é uma "base" essencial em seu caminhar com Cristo?

- Você enxerga a doação generosa como uma *honra* ou a vê simplesmente como pagar uma conta?

- Como você pode incorporar a generosidade *abundante* em sua vida diária?

Além de Paulo, Deus também considera a ação de doar extremamente importante. O versículo bíblico clássico sobre doação é um que você certamente conhece - João 3:16: "Porque Deus tanto amou o mundo que *deu*...".

Oração: Pai do céu, Você é o primeiro e principal doador. Você nos deu a vida física, e Você deixou o céu para viver entre nós e se sacrificar por nós. Ajude-me a *transbordar* em doação - e a torná-la uma *ação* *básica* em minha vida com Você. Amém.

DIA 31 - DOAÇÃO EXCESSIVAMENTE RIGOROSA

O fariseu, em pé, orava *no íntimo:* 'Deus, eu te agradeço porque não sou como os outros homens: ladrões, corruptos, adúlteros; nem mesmo como este publicano. Jejuo duas vezes por semana e dou o dízimo de *tudo* quanto ganho'. Mas o publicano ficou à distância. Ele nem ousava olhar para o céu, mas batendo no peito, dizia: 'Deus, tem misericórdia de mim, que sou pecador'.

Lucas 18:11-13

O Fariseu e o Publicano, James Tissot, entre 1886 e 1894. Domínio público.

O FARISEU DA PASSAGEM de hoje foi ao templo para orar, mas não orou a Deus - orou para *si mesmo* a respeito de seu caráter piedoso e de seu belo histórico de jejum e doação. Ele comia pouco e doava muito! Deus tinha sorte de tê-lo como servo.

Sobre este fariseu, três coisas devem ser ditas:

1. Ele era rigoroso. Embora detestemos elogiar pessoas autocentradas, devemos pelo menos reconhecer sua fidelidade à regra do dízimo do Antigo Testamento. Os judeus historicamente *não* foram fiéis no dízimo. Os levitas (os trabalhadores do templo que recebiam os dízimos) frequentemente precisavam deixar seu ministério para trabalhar nos campos.

2. Ele era autossuficiente e meticuloso. Ele dizimava de *tudo* que recebia, mesmo o Antigo Testamento exigindo dízimos apenas sobre a renda de grãos, vinho novo, óleo e animais primogênitos (Levítico 27:30). Ao separar o dízimo de *tudo que recebia*, ele se considerava um homem de Deus exemplar - e *tinha muito orgulho disso*.

3. Ele se sentia superior. Como trabalhador do ministério, ele agradeceu a Deus por *não ser como as outras pessoas*. Ele não se comparava com a perfeição de Deus, mas com a imperfeição de seus semelhantes. Por ser um clérigo, ele acreditava que era superior - especialmente em comparação a *este publicano*.

Por outro lado, o publicano [que significa cobrador de impostos] sabia que era necessitado e pediu a Deus por misericórdia. O fariseu não pediu coisa alguma a Deus.

O que podemos aprender com a passagem de hoje?

Elitismo. Ser um dos "dizimistas" de sua igreja pode tentá-lo (como o fariseu) a se sentir superior e a julgar os "não-dizimistas".

Se você está no ministério, não deixe o elitismo seduzi-lo. Você tem mais tempo para estudar a Bíblia e orar do que seus irmãos em Cristo, mas você ainda é um pecador salvo pela graça. O orgulho espiritual não é atraente.

Retidão. Talvez o fariseu possa nos ensinar algo, apesar de seu elitismo. Parceiros de doação frequentemente *se esquecem* de enviar as ofertas prometidas aos missionários ou à igreja. No primeiro ano em que apoiei um missionário, doei fielmente todos os meses. Ou assim eu achava, já que na hora de fazer meu imposto de renda, encontrei apenas oito recibos mensais, e não doze. Opa.

Da mesma forma, alguns parceiros mantenedores não aumentam suas doações quando recebem ganhos extras inesperados. Embora o fizesse pelas razões erradas, o fariseu nunca teria "pulado alguns meses" ou deixado de doar uma parte da renda extra.

Livre da responsabilidade: Após doar 10%, os dizimistas estão "livres da responsabilidade" de serem mais generosos? Os outros 90% estão sob seu controle para gastar como quiserem? Ouvi um crente dizer casualmente que, depois de ter dizimado, planejava gastar o restante de sua renda para aumentar sua já exagerada coleção de motos clássicas. Hum.

A frase popular ouvida nas igrejas quase todos os domingos, "o dízimo de Deus", nos leva a pensar que Deus se preocupa apenas com os dez por cento. Ageu 2:8 diz: "'Tanto a prata quanto o ouro me pertencem', declara o Senhor dos Exércitos". Cem por cento pertencem ao Senhor. O que podemos dar além dos 10%?

O fariseu, um bom dizimista, se enxergava necessário para Deus. O cobrador de impostos se via como necessitado de Deus. Um líder missionário no centro-oeste dos EUA frequentemente orava: "Senhor, viemos a Ti hoje como pessoas *necessitadas* – essa é a única forma como podemos vir".

Oração: Pai do Céu, eu enxergo com facilidade a justiça própria desse fariseu, mas acho difícil ver a minha. Perdoe-me por julgar os outros que considero menos espirituais. Eu quero ser generoso, mas me concentro na porcentagem que dou, ao invés de me concentrar na generosidade como um estilo de vida. E me esqueço de doar quando estou atarefado demais. Tem misericórdia de mim, pecador. Amém.

DIA BÔNUS – PLANEJAMENTO FINANCEIRO: TRÊS PERGUNTAS PARA TE GUIAR

> As *insensatas* disseram às prudentes: 'Deem-nos um pouco do seu óleo, pois as nossas candeias estão se apagando'. Elas responderam: 'Não, pois pode ser que não haja o suficiente para nós e para vocês. Vão comprar óleo para vocês'.
>
> Mateus 25:8–9

VOCÊ CONHECE A história. Dez virgens planejaram ir a um casamento. Cinco virgens sábias levaram óleo extra para suas lâmpadas, mas cinco virgens tolas "não levaram óleo consigo" (Mateus 25:3).

Naqueles dias, numa festa de casamento o noivo se deslocava lentamente à noite para a casa da noiva. Esperava-se que os convidados levassem lâmpadas para honrar o casal recém-casado e iluminar a cerimônia. Sem lâmpada - sem entrada. Também existiam penetras na época de Jesus.

Quando finalmente veio o anúncio de que o noivo havia chegado, as virgens sem óleo de reserva pediram óleo emprestado às virgens prudentes. Mas as prudentes temiam que também ficassem sem o combustível. "Vão comprar óleo para vocês", disseram elas. Enquanto elas estavam comprando óleo, no entanto, "a porta foi fechada" (Mateus 25:10).

O ensinamento da parábola é estarmos prontos para a Segunda Vinda de Cristo. Está chegando o dia em que a porta será fechada – por toda eternidade.

Essa parábola pode se aplicar também às finanças? Sim, especialmente às finanças! Na história há três palavras cruciais para o planejamento financeiro e para a maturidade espiritual:

1. **Suposições**. As virgens tolas presumiam que sabiam quando o noivo chegaria, presumiam que não precisariam de óleo reserva e presumiam que os outros as socorreriam se necessário – tudo se resolveria na última hora!

   Mas o futuro nem sempre se comporta do jeito que gostaríamos. Por exemplo, você presume que sua filha receberá uma bolsa de estudos integral para a faculdade de música? Você presume que seu carro tem vida eterna? Como nós mortais temos controle limitado, devemos revisar constantemente nossas suposições sobre o futuro. Presumir que você pode correr para a segurança no último minuto é perigoso, tanto na Segunda Vinda quanto nas finanças.

2. **Antever**. Quais eventos você prevê que acontecerão nos próximos anos e que terão implicações financeiras? Um terceiro filho começando a escola, mudança de emprego, seus pais precisando de ajuda?

   Não se planejar para o futuro é *tolice* - a palavra grega é *moros* – estupidez! Essa é uma linguagem forte de Jesus. Provérbios 22:3 concorda: "O prudente percebe o perigo e busca refúgio; o inexperiente segue adiante e sofre as consequências".

3. **Limites**. As cinco virgens sábias não compartilharam seu óleo - elas disseram *não*! Elas não estavam agindo de forma egoísta. Meus amigos africanos dizem, com certa ironia, que estas devem ter sido as virgens *americanas*!

   A parábola de Jesus ensina que nada deve comprometer nossa prontidão para encontrar o

Noivo na Segunda Vinda. Está tudo bem em dizer não.

O próprio Jesus disse não:

- Para o endemoninhado gadareno que queria juntar-se aos Doze no barco;
- Para Seus irmãos que queriam que Ele fosse imediatamente a Jerusalém;
- Para o rei Herodes que exigia que Ele lhe respondesse.

Jesus tinha limites e nós também devemos ter. Por exemplo, você pode dizer não para:

- Seus filhos, quando eles querem roupas de grife para copiar seus amigos;
- Emprestar dinheiro – dê o dinheiro em vez disso;
- Comprar coisas por impulso, mesmo que você tenha dinheiro para pagar.

Você já viu a placa humorística geralmente pendurada em oficinas de automóvels: Sua falha em planejar com antecedência não cria uma emergência automática para mim!

O teólogo escocês William Barclay disse: "Certas coisas não podem ser obtidas no último minuto...".

"Quando Maria de Orange estava morrendo, seu capelão tentou contar-lhe sobre o caminho da salvação. Sua resposta foi, Eu não deixei esta [importante] questão para esta [última] hora."

Não deixe a salvação para a sua última hora. Nem o planejamento financeiro. Faça a si mesmo três perguntas relacionadas as Dez Virgens a respeito de seu futuro financeiro:

- Quais são suas **suposições**?
- Quais mudanças você consegue **antever**?
- Quais são seus **limites**?

Oração: Pai do Céu, Você planeja com antecedência. Você enviou Cristo. Você até planejou minha vida em Seu grande plano. Ajude-me também a planejar - para a salvação e nas finanças. Perdoe-me quando eu tentei irresponsavelmente "improvisar". E ajude-me a estabelecer limites realistas. Dê-me a coragem para dizer "não". Amém.

SOBRE O AUTOR
www.scottmorton.net

Scott Morton ATUA como Coach Internacional de Captação de Recursos para a organização paraeclesiástica The Navigators, ensinando captação de recursos e mordomia bíblica. Em atribuições anteriores, liderou ministérios de discipulado para estudantes, empresários e missionários, tanto nos Estados Unidos como internacionalmente. Em seguida, atuou por doze anos como Vice-Presidente do ministério de desenvolvimento da The Navigators nos EUA.

O que Scott mais gosta de fazer é ajudar pessoas a crescer em suas jornadas espirituais através de pequenos grupos de estudo bíblico e/ou mentoria individual. Ele é autor de cinco livros, incluindo *Funding Your Ministry [Financiando Seu Ministério]*, *Down to Earth Discipling [Discipulado Pé no Chão]* (NavPress) e *Blindspots [Pontos Cegos]* (CMM Press).

Ele e sua esposa, Alma, vivem em Colorado Springs, nos EUA, e têm duas filhas casadas, um filho e quatro netos. O hobby de Scott é observação de pássaros.

"Tenho levantado sustento pessoal e treinando trabalhadores e líderes de ministérios ao redor do mundo desde quando os filmes E.T. e Rocky foram sucesso de bilheteria! Eu cometi erros, mas aprendi muitas lições que estou ansioso para passar para você. Navegue pelo site e encontre um tópico que lhe agrade. Você encontrará outras pessoas que estão na jornada conosco. Aprenda com eles também! Vamos começar o quanto antes!"

- Scott Morton

Como pastor ou líder de igreja, você constantemente ouve a pergunta: "Deus me chamou para o ministério! Mas eu preciso levantar apoio pessoal – como eu faço isso?".

Infelizmente, não são poucos os grandes chamados que param exatamente nesse ponto. Mas não precisa ser assim. Encaminhe seus amigos de ministério para www.scottmorton.net para que eles aprendam formas de aperfeiçoar seu ministério de captação de recursos. No site você vai encontrar:

- Cerca de cem vídeos de 3 minutos sobre tópicos importantes, como quem convidar para ser mantenedor, como pedir, como ministrar para doadores, como escrever boletins informativos que seus mantenedores realmente leiam!

- Blogs e posts com lições úteis de trabalhadores do evangelho ao redor do globo.

- Planilhas disponíveis para download para ajudar você a planejar sua estratégia.

- Estudos sobre o que a Bíblia realmente diz sobre captação de recursos.

- Uma seção de perguntas e respostas.

- Tradução para o espanhol.

O ponto de partida é o Estudo Bíblico Internacional sobre Captação de Recursos. Missionários ao redor do mundo afirmam que a parte mais importante de qualquer treinamento de captação de recursos é o estudo da Bíblia. Então, é por aí que se deve começar.

FINANCIANDO SEU MINISTÉRIO

QUANTOS MISSIONÁRIOS EM POTENCIAL nunca chegam ao campo porque levantar apoio financeiro parece algo muito difícil? Quantos pastores abandonam seus sonhos ministeriais por causa de salários baixos ou frustrações com a captação de recursos?

Isso acontece com muita frequência, mas não precisa ser assim.

Financiando Seu Ministério ajuda trabalhadores ministeriais e pastores a superar as barreiras de financiamento. Faça um grande favor ao seu pastor e aos missionários que conhece apresentando-lhes este livro.

Você pode ajudá-los a:

- Descobrir o caminho bíblico para recrutar mantenedores e reter seu apoio,

- Desenvolver uma estratégia para alcançar apoio integral por toda a vida,

- Evitar as armadilhas comuns da captação de recursos,

- Aprender a gerenciar seu dinheiro de maneira bíblica.

Tanto os que levantam recursos quanto os mantenedores podem se beneficiar das valiosas percepções de Scott Morton, pois ele compartilha suas próprias lutas e vitórias na captação de recursos.

Aprenda com suas experiências e descubra a partir da Bíblia como obter liberdade financeira para responder ao chamado de Deus.

Em seu segundo ano de ministério, Scott Morton estava frustrado com o fato de que sua família tinha que se virar com apenas 60% de seu orçamento. Sua esposa o provocou gentilmente: "Você vai sustentar essa família ou não?". Isso o fez se voltar para a Bíblia.

Desde que descobriu as atitudes e habilidades bíblicas necessárias para levantar apoio pessoal, Morton ajudou centenas de missionários e líderes de ministérios em seus desafios de financiamento. Ele tem participado na missão The Navigators em ministérios de discipulado de estudantes e empresários, como Diretor do Alto Meio-Oeste e Vice-Presidente de Desenvolvimento. Seu papel atual é de Coach Internacional de Captação de Recursos.

"Um dos livros mais práticos e necessários que eu já li."

- Dr. Howard Fultz, presidente e fundador da Accelerating International Mission Strategies.

"Se você levanta suporte, então Financiando Seu Ministério é uma leitura obrigatória."

- Ellis Goldstein, Diretor de Desenvolvimento de Parceiros Ministeriais, Cru.

DISCIPULADO PÉ NO CHÃO:

FINALMENTE, UM GUIA DE DISCIPULADO QUE QUALQUER UM PODE USAR.

Quando você ouve a palavra discipulado, você se arrepia totalmente? Pensar em discipular pessoalmente a outros faz com que os crentes deem um passo atrás – é muito assustador. Embora estejam envolvidos na igreja e nos estudos bíblicos, é avassalador tentar compartilhar a mensagem de Cristo com amigos ou família. Ou imaginar que poderíamos mentorear com sucesso um novo crente. Deixamos isso para os profissionais mais capacitados - pastores e missionários. Mas será que um profissional vai vir ao seu escritório ou aos seus encontros familiares para

alcançar as pessoas ao seu redor? Você tem um papel maravilhoso a desempenhar no avanço do Reino!

Aqui está um livro de ministério pessoal para quem quer fazer ao menos uma pequena diferença. É um guia prático e amigável que tem tudo o que você precisa saber sobre o desenvolvimento do seu próprio ministério pessoal - e que não vai te aterrorizar!

"Deus pode usar qualquer um com um coração disposto", diz o autor Scott Morton, que se descreve como "não capacitado" para discipular. Forjada através da experiência, sua abordagem realista irá inspirar você a dar o próximo passo para tocar amigos e familiares a caminhar diariamente com Cristo.

Então, não seja relutante quando o assunto é discipulado. Apenas seja um discipulador pé no chão. Deus pode te usar você como você é.

"Scott Morton é um discipulador experiente e escreve de maneira fácil e didática. Este livro será útil tanto para aqueles que estão apenas começando no discipulado quanto para aqueles que já são experientes."

- Jerry Bridges, autor do best-seller de The Pursuit of Holiness [A Busca da Santidade] e The Gospel for Real Life [O Evangelho da Vida Real].

"Ao invés de procurar influenciar um grande número de pessoas para Cristo, precisamos focar nossa atenção em uma pessoa de cada vez. É assim que o evangelho se espalha de uma pessoa para outra - é simples assim! Scott nos trouxe de volta ao básico neste livro, e precisamos ouvir o que ele está dizendo."

- John Stevens, Pastor Emérito da Primeira Igreja Presbiteriana de Colorado Springs.

PONTOS CEGOS

UM CEGO NÃO PODE GUIAR OUTRO CEGO.

(Seu pastor precisa ler este livro!)

NO PAPEL DE DIRETOR estadual da missão The Navigators, eu vinha tendo sucesso em levantar recursos para meu ministério de apoio pessoal. Mas eu estava sempre com falta de financiamento para emergências da equipe ou para oportunidades de expansão do ministério.

Além disso, minha equipe estava apenas conseguindo sobreviver. Embora nunca tenham falado sobre isso, eles lutavam para arrecadar dinheiro suficiente para participar de reuniões regionais ou para financiar emergências familiares.

Eu acabei criando, sem intenção, uma mentalidade de "cada um por si". Eu estava tão cego que nem sequer ajudei minha Assistente Regional que lutava (com lágrimas) para levantar recursos. "Confie no Senhor!", era a minha pregação.

Eu tinha dois pontos cegos: eu pensava que minha equipe poderia descobrir como se financiar sem a minha participação e, em segundo lugar, que eu não precisaria de dinheiro adicional além do meu orçamento pessoal para liderar o ministério. Duas vezes errado!

- Scott Morton

Se você lidera um ministério, grande ou pequeno, em uma igreja ou em uma missão, nos EUA ou em qualquer país, Pontos Cegos é para você. Um pastor bem-sucedido me disse: "O tema do dinheiro paira na mente de todo pastor. Pensamos nisso todos os dias!" Mas os líderes do ministério se esquivam de ensinar sobre dinheiro publicamente - exceto quando precisam dele! E isso acende sinais de alerta para os que participam do ministério.

Pontos Cegos ajudará você a evitar erros financeiros e de arrecadação de fundos em suas finanças pessoais, na liderança de sua equipe e em todo o seu ministério. É hora de trazer uma visão bíblica de dinheiro e arrecadação de recursos para nossa liderança.

Os temas tratados incluem:

- Arrecadação de fundos é um mal necessário?

- Pedir - Olhando para os seus sapatos?

- Lançar a visão não é o suficiente!

- Uma coisa que os líderes não devem delegar!

- Você apresenta as necessidades ou uma visão?

- Seus sistemas organizacionais dificultam a doação?

"Deus usou Scott Morton para motivar, treinar e influenciar inúmeros líderes de ministérios cristãos por meio de sua escrita, treinamento e ministério pessoal. Eu sou um desses líderes. Não há ninguém mais qualificado para falar sobre financiamento e liderança do que Scott."

- Lauren Libby, Presidente/CEO Internacional da Trans World Radio